ジグムント・バウマン＋デイヴィッド・ライアン
Zygmunt Bauman & David Lyon
伊藤茂 訳

Liquid Surveillance ; A Conversation

# 私たちが，すすんで監視し，監視される，この世界について

リキッド・サーベイランスをめぐる7章

青土社

# 私たちが、すすんで監視し、監視される、この世界について　目次

# 私たちが、すすんで監視し、監視される、この世界について

## リキッド・サーベイランスをめぐる7章

# まえがきと謝辞

　監視（サーベイランス）は連日のニュースでもしだいに注目を集めるようになっていますが、それは監視が多くの生活分野に急速に普及していることの表れです。しかし、実際のところ、監視は長い年月の間に静かに拡大してきたものであり、近代世界の基本的な特徴といえます。世界の変化に伴って、監視も常にその姿を変えています。今日の近代世界は非常に流動的に見えるため、それを「リキッド」な段階と考えるのは理にかなっています。確実性や永続的な絆を欠きながら常に移動を続けている今日の市民や労働者や旅行者は、自分たちの動きを監視され、探知され、追跡されています。監視もリキッドな段階に入りつつあるのです。

　本書は、モニタリングや探知、追跡、分類、チェック、さらには私たちが監視と呼ぶ系統的な観察の世界で起こっている事柄を把握する上で、リキッド・サーベイランスという概念がどの程度助けになるかを、対話によって検証しようとするものです。本書は、対話を通じて重要な道筋を示しており、パノプティコン（一望監視施設）的な監視方法をめぐる歴史的な議論に加えて、どこにも隠れる余地を与えない一方で歓迎されてもいる、今日のグローバル化されたまなざしの展開にも注目しています。さらに、本書の議論は、監視をめぐる議論によっては到達できない大きな問題にも触れるために、ときおり外側にも広がっています。この対話の中で私たち二人は多少なりとも対等な形で全体の展開に貢献しています。

私たちはこれまで連絡を取り合いながら、一九七〇年代後半以降（あるいは私たちが思い出すことのできない一九八〇年代初頭）の新しいテクノロジーや監視方法、社会学や社会理論をめぐるさまざまな問題について、ときおり議論を交わしてきました。バウマンは自らの研究の中でパノプティコン批判やそれに関連するテーマを扱いながら、ライアンを監視分析に駆り立ててきました。最近も、二〇〇八年に開催されたサーベイランス・スタディーズ・ネットワーク隔年会議で、私たちはそのためのプレゼンテーションを準備しました（バウマンのプレゼンテーションは、不在中に渡されねばなりませんでした）。ライアンのものは、「リキッド・サーベイランス――監視スタディーズへのジグムント・バウマンの研究の貢献」という題名で『インターナショナル・ポリティカル・ソシオロジー』誌（二〇一〇年一二月）に掲載されましたが、バウマンのこの会議への貢献は公にされていません。私たちのこの対話は、二〇一一年の九月から一一月にかけて行なわれたものです。

私たちの対話を読んで有益な助言を与えて下さり、より広範な読者にアピールできるようにしていただいた、カティア・フランコ・アース、カースティー・ボール、ウィル・ケーターバーグ、キース・テスターらの同僚にはとても感謝しています。カナダでこのプロジェクトを支援してくれている、クイーンズ大学の監視スタディーズ・センターのリサーチ・アソシエートのエミリー・スミス、ポリティ・プレス社のアンドレア・ドゥルガン、コピーエディターのアン・ボーンの励ましや助言にも深く感謝します。

ジグムント・バウマン
デイヴィッド・ライアン

# はじめに

デイヴィッド・ライアン

監視（サーベイランス）は近代の重要な技術であり、多くの国の人々が監視のもたらす影響に気づくようになっています。ロンドンやニューヨークだけでなく、ニューデリーや上海やリオデジャネイロでも、監視カメラは公共の場のおなじみの風景になっています。二一世紀に入ってからは、どの空港にいる旅行者も、パスポート検査に加えて、九・一一以降急増したボディ・スキャナーや生体認証《バイオメトリクス》チェックなどの新たな装置をくぐらなければならなくなっています。これらはセキュリティと関連のある監視ですが、日々の買い物やオンライン・アクセス、ソーシャルメディアへの参加などにまつわる監視もしだいに普及しつつあります。私たちは、オンライン・ショッピングからビルへの入場に至るまで、さまざまな場面でＩＤを提示したり、パスワードを挿入したり、暗号を活用したりしなければなりません。グーグルは毎日私たちを追跡して記録し、カスタマイズされたマーケティング戦略を展開しています。

しかし、こうしたことは社会的、文化的、そして政治的にどんな意味があるのでしょうか？新しいテクノロジーや規制の枠組みについて検討し始めるだけでも、この現象の広がりについて一定の理解が得られるかもしれませんが、それではたして、その全般的な理解につながるのでしょうか？　監視の急増が現在のように一定の評価を受けているとすれば、データ処理の規模やその急速な拡大について理解することは確かに重要であり、そのライフチャンスが監視の影響を受けている人々を見つけることは、それを抑える取り組みの促進にもつながるでしょう。しかし、私たち二人の対話は、もっと先の深いところまで達することを目指しています。すなわち、今日の監視の歴史的・西洋的な起源について考え、その拡大に対する倫理的・政治的な疑問を投げかけることがそれです。

監視は過去数十年にわたってジグムント・バウマンの一貫した関心事であり、私が思うに、その見解の多くが今日の監視を理解して、それに対処しようとすることと大きな関係があります。バウマンは二一世紀初頭の一〇年間に「リキッド・モダニティ」の興隆をめぐる見解でよく知られるようになり、本書で、私たち二人は、この枠組みがどの程度、今日の監視の役割を考える上で有効かを探り当てようとしています。しかし、バウマンのもう一つのテーマは倫理であり、とりわけ他者に対する倫理です。これはどの程度、今日の監視に対する批判の機会を提供してくれるでしょうか？

## リキッド・サーベイランス？

「リキッド・サーベイランス」という概念は、監視を具体的に規定する完璧な方法というよりも一つの方向づけであって、今日の流体的で不安定なモダニティ（近代）の中に監視の展開を位置づける一つの方法です。監視は消費の領域でとりわけソフトなものになっており、従来の精神的な紐帯がゆるむのと並行して、ある目的のために抽出されたわずかな個人データが容易に別のものに転用されています。監視は現在、こうした流動性に対応し、それを再生産しながら、想像もできないような形で広がりつつあります。固定された容器こそないものの、「セキュリティ」の要請に促され、技術系企業の執拗なマーケティングに駆り立てられた監視は、いたるところに溢れています。バウマンのリキッド・モダニティという概念は、この監視を新たな形で枠づけ、なぜ監視が現在のような形に発達しているのかをめぐって魅力的な洞察を示すと同時に、それがもたらす最悪の結果にどう立ち向かい、反撃するかについての有望な考え方を提示しています。もちろん、これは私の現在の状況に対する見方であって、バウマンが実際にどう考えているかは、対話の中で明らかになるでしょう……。

監視がモダニティの中心的要素であることは広く受け入れられています。しかし、モダニティは不動のものではありません。したがって、私たちは、どのようなモダニティかと問わねばなりません。今日の状況は、「後期」近代や「ポスト・モダニティ」、さらにはもっとニュアンスに富んだ「リキッド」モダニティと名づけることができるでしょう。バウマンは、モダニティが新しい従来とは異なった形で流体化していると指摘しています（堅牢なものがことごとく溶けて霧散する」というマルクスとエンゲルスの初期近代についての見解を超えて）。そこでは次の二つの特徴が際立っています。

第一に、あらゆる社会的形態が急速に溶解してしまって、新しい形態をまとうことができません。それらの形態は自らの形を保持することができず、その有効期限の短さのために、固体化して人間の行動や生活の戦略の参照の枠組みになることができないのです。このことははたして監視にも当てはまるのでしょうか？　数多くの理論家が、かつては一見堅固で固定的だった監視がはるかに柔軟で可変的なものになり、かつては少ししか変化しなかった多くの生活領域の中に浸み込んで拡大していると指摘しています。

ジル・ドゥルーズ（一九二五―九五）は、監視が（パノプティコンのように比較的硬直した縦型の）ツリー状のものではなく、地を這う雑草のようになる「管理社会」という概念を導入しています。[*1] それに伴って、ケヴィン・ハガティやリチャード・エリクソンが述べているように、「監視の複合体《アッサンブラージュ》」が、私たちがボディ・データと呼ぶものの流れを把握し、それらを非常に流体的で可動的な「データ・ダブル（収集した個人情報からその個人のダブル（分身）を再構成したもの）」へと変換しています。[*2] ウィリアム・G・ステイプルズもまた、「かつては自明と思われていた近代生活の意味やシンボルや制度の多くが私たちの目の前で溶解するにつれて、断片化や不確実性を特徴とする」文化が発生していると指摘しています。[*3] このように、これまで固定し、構造化され、安定していたものが液状化しているのです。

バウマンは、パノプティコンとは被収容者の動きを抑制し、監視者の動きを促すことで統制を維持する、重要な近代的手段であると指摘しています。ただし、監視者はときどきそこにいなければなりません。もちろん、監獄をパノプティコン化する計画には費用がかかります。パノプティコンは、各部屋を半円形に配置して管理しやすくするよう設計されており、中央の監視塔にいる「監視者」は、ブラインドの背後から、被収容者に見られることなく、すべての部屋を見渡すことができます。それに伴って監視者は、被収容者の生活に一定の責任をとらねばならなくなりました。ところが、バウマンによれば、今日の世界はポスト・パノプティコンの段階にあり、[*4] 監視者は消え去って、手の届かない場所にいます。監視する側とされる側が相互に関わりを持つ時代は終わったのです。今や可動性とノマディズム（放浪生活）が重視されており（あなたが貧しいか、ホームレスでもないかぎり）、より小さくて軽くて速いことがよいとみなされています（少なくとも、iPhone や iPad の世界では）。

パノプティコンは監視のモデルの一つにすぎません。[*5] 今日の変動しやすく可動的な組織において権力が表面に出てくる電子テクノロジーのアーキテクチャ〔社会環境を変えることで人間の行動を誘導したり抑制したりすること〕は、壁（ウォール）や窓（ウィンドウ）といった構造物《アーキテクチャ》をほとんど不用にします（仮想の「ファイアウォール（不法アクセス防止ソフト）」や「ウィンドウズ」であっても）。その結果、さまざまな顔を表示する統制の形態も可能になっています。それらは拘禁とは明確な結びつきがないばかりか、しばしば、エンターテインメントや消費に見られるフレキシビリティや楽しみといった特徴を併せ持っています。空港のチェックインもスマートフォンで可能になっており、重要なＰＮＲ（乗客名簿）を含む国際的なやりとりがまだ交わされてはいても、（スマートフォンでできるようになった）最初の予約の段階から迅速化が図られています。

こうして見ると、規律とセキュリティは実際には結びついており、ミシェル・フーコー（一九二六―八四）はその点を認識しそこなっています。フーコーはちょうどそれらの（電子的な）結びつきが明らかになろうとするところに、その分離を主張しました。セキュリティは、（『マイノリティ・リポート』（二〇〇二）という小説やその映画版で適切に描かれているような）未来志向の企てに変化しつつあり、デジタル技術や統計的な推論を駆使した監視によって作動し、将来何が起ころうとしているかをモニターしようとしています。ディディエ・ビゴが指摘しているように、そうしたセキュリティは「動くものはすべて」（製品、情報、資本、人間）追跡しながら作動しているのです。[*6] その結果、監視は時間と空間の両面で一定の距離を隔てながら活動を展開し、グローバル化された分野では国民国家とともに、しかし、それを超えて流動的に拡大しています。そうした監視技術が「自然」なものになっている、移動を常とする集団には動機づけや報酬が与えられている一方で、「歓迎されざるもの」というレッテルを貼られる不運な集団には、プロファイリング（犯罪の性質や特徴から犯人の特徴を推理すること）のプロセスと排除措置が待ち受けています。

第二に、また以上の事柄と連動して、権力と政治が分離しつつあります。今日、権力が領土空間を超えたグローバルな形で存在するのに対し、かつて個人や公共の利益と結びついていた政治はローカルなものにとどまっていて、地球レベルで機能することができません。政治による制御がきかない権力が大きな不確実性の源泉になる一方で、政治は多くの人々の生活の諸問題や不安に対して無関心のように見えます。各官庁や警察機関、民間企業で行使される監視の権力は、この説明によく当てはまります。かつてはどれほど恣意的なものであろうと地理的な場を持っていた国境も、今では領土の「端」から遠く隔たった空港の中や、さらに重要なことは、当該国の中にすら存在しない、データベースの中にあったりします。*7

この例と関連して、多くの人々にとって、変化しやすい国境の問題が大きな不確実性の源泉となっています。とりわけ、疑われやすい人々にとっては、自分がどの法的な管轄圏にいるのか、自分の個人的なディテールがどこに送られるのかを知らずに空港のセキュリティを通過するのは不安な瞬間です。もしも引き止められたり、不幸にも自分の名前が搭乗禁止名簿に載っていたりする場合の対処法を知るのは、周知のように困難です。それ以外にも、たとえば、政治的な変化を引き起こして、避けがたい旅の不安をなくそうとするのも非常に困難な作業です。

こうした社会的形態の溶解や権力と政治の分離はリキッド・モダニティの重要な特徴であり、それが監視と共鳴しあっていることは明らかですが、その他の二つの結びつきにも言及しておかねばなりません。その一つがニューメディアと流体的な関係の結びつきです。ニューメディアを社会的断片化の原因と非難するものがいる一方、バウマンは、これらが原因でもあれば結果でもあると考えています。つまり彼は、ソーシャルメディアは社会的な断片化の産物であると同時に、それを促しているると指摘しているのです。バウマンは、リキッド・モダニティの段階では権力は自由に流動していて、バリアやフェンスや境界やチェックポイントは、克服すべき、あるいは抜け道を見つけるべき妨害物であると述べています。社会的絆のネットワーク、とりわけ、領土を基盤にした濃密で窮屈なものは取り除かねばなりません。彼の考えでは、権力の働きを許すものは、何よりもこれらの結びつきの弱さなのです。

ただし、このことをソーシャルメディアに当てはめると議論の余地があります。というのも、多くの活動家がツイートやメッセージング（情報交換）に社会的連帯や政治的組織化の大きな潜在能力を見出しているためです。ウォール街占拠運動、すなわち、二〇一一年に起こった、世界のもっとも豊かな国々の一％の人々が持つ権力や特権に反対する九九％の人々の広範な抗議活動や、「アラブの春」のことを考えてみましょう。しかしながら、これもすでに監視の対象となっているがゆえに、慎重に観察すべき分野であることも事実です。ソーシャルメディアは、ユーザーをモニターして、データを他の人々に売ることで成り立っています。ソーシャルメディアの持つ抵抗の可能性はたしかに魅力的であり、ある意味では有益ですが、それには限界もあるのです。その限界は液状化する世界の中で関係を束ねる資源の不足によるものであると同時に、ソーシャルメディアの中に監視の権力がはびこっており、看過できないという事実に基づいています。

言及しておくべきもう一つの結びつきは、とりわけ監視の世界の中で倫理的に振舞おうとする人々に対して、リキッドな時代が重大な課題を課していることです。リキッド・モダンの世界にはびこる不確実性に対するバウマンの認識が、彼が考えているような問題群となっているのです。

そして、生命のない規則や規制をはねつけようとするバウマンの好ましい姿勢は、他者との血の通った出会いの意義を強調している点によく表れています。私たちの目の前にいる人間に対する責任に気づくことこそ彼の出発点なのです。

ここで、監視の倫理をめぐる二つの大きな問題が立ちはだかります。一つは、バウマンのいわゆる「道徳的中立化(adiaphorization)」への嘆かわしい傾向であり、そこではシステムやプロセスが、あらゆる道徳的な配慮を振り払うようになっています。[*8]「それは私の担当ではない」が、公式の評価や判断の適切性への疑問に対する典型的な官僚的な反応となります。もう一つは、監視が、一定の距離を保ちながら物事を行なうプロセス、すなわち、ある人物とその行動の結果を切り離すプロセスの効率化・合理化を促していることです。その結果、たとえば、出入国管理は自動化されて人間の感情に左右されないものになり、「不適切な」民族的背景を持つ避難者は入国を拒否されて、母国に送り返される恐れが生じます。

監視における道徳的中立化のもう一つの側面が、(生体認証やDNAなど)身体からのデータや、(ログインや、アクセスカードの使用、IDを示すなどの)身体の動作に由来するデータがデータベースに飲み込まれて、処理され、分析され、他のデータと結びつけられてから、「データ・ダブル」として、ふたたび吐き出されることです。ある人物の代理となる情報は、それがその人物の身体に由来していることで「パーソナルデータ」として構成され、それが彼らのライフチャンスや選択に影響を及ぼすことになります。その結果、身体の断片を合成したデータ・ダブルの方が、自分の身の上話を語りたがる人間よりも信頼されることになるのです。ソフトウェアの設計者らは、自分たちは単に「データを扱っている」だけで「道徳的に中立」であり、自分たちの評価や差別は「合理的なものである」と語っています。[*9]

## リキッドに考える

それでは、リキッド・サーベイランスという概念は、監視という、モニターし、探知し、追跡し、分類し、チェックし、系統的に監視する世界で発生しているものの把握に役立つのでしょうか？　それに対するシンプルな回答が「コンテクスト（文脈）」です。監視の拡大を技術的な現象であるとか、「社会統制」や「ビッグブラザー」を物語るものに他ならないと解釈するのは容易です。しかし、こうした考え方は装置や独裁者に力点を置きすぎていて、監視を駆り立てる精神やそれを前進させるイデオロギー、さらにはそれに機会を与える出来事や、それに従ったり、異議を唱えたり、それに勝てなくても、そのゲームに加わることを決定する一般の人々を無視してしまっています。

こうした監視の展開は一般に、例を見ないほどの急速な技術の進展や、生活世界のいっそうの植民地化、「プライベートな」存在に「固有の」領域に対するいっそうの侵食と解釈されています。それと関連して、さまざまな製品を同種のものや同じ工場から出荷されたものと同定するバーコードの段階から、個々の製品の識別を行なうＲＦＩＤ（Radio- Frequency Identification：電波による固体識別）チップの段階への移行が進展しつつあります。ただし、ＲＦＩＤは製品のみならず、パスポートや衣服にも用いられ、そこから放たれるデータが、それを携行したり着用したりしている人々と簡単に結びつけられてしまうことも事実です。それと同時に、スマートフォンで読み取られる格子状の四角い縞模様のＱＲ（クイック・リスポンス）コード（二次元バーコード）なども、多くの製品や記号、衣服（それらもまた、加速される供給網の要請に端を発していますが）に表示されています。ＱＲコードのついたシリコン・ブレスレットをファッション・アクセサリーとして身につけ、ただ「私を読み取って」と囁くだけでいいのです。これが人々のコンタクトのディテールや、ソーシャルメディア・リンクその他が収められたウェブページにつながっています。人々は一種のヒューマン・ハイパーリンク〔文書内に埋め込まれた、他の文書や画像などの位置情報〕となっているのです。

「ソリッド」モダンの世界の住人ならば、バーコードの発想を、在庫品をカタログ化する効率的な方法と認識して称賛するかもしれません。そうした技術的な装置に見事に表現されている官僚的な合理化に注目して下さい。しかし、ＲＦＩＤのタグになると、製品を分類して販売するだけでなく、それらの製品がジャストインタイムの管理体制の枠内で所定の時間にどこにあるかに大きな関心を払う世界のことを、さらに詳しく物語っています。単なる在庫品はむだであり、適切なものが適切な時間に適切な場所にあることを示す、（日本のいわゆる）カンバン方式が求められているのです。この発想がセキュリティの世界でうまく活かされるのは当然のことです！

しかし、ソリッド・モダンの世界にも、適切な人間を適切な時間に適切な場所にいさせるために、個人のディテールを把握するという考えに賛成する人はいるかもしれませんが、そうしたディテールが多種多様な人々に積極的に公示される事態まで想像する人はいるでしょうか？　ＦＲＩＤが常にデータが求められる状況に適合しているのに対し、新たなＱＲコードの応用は、人々が積極的にデータの共有に関わる世界を物語っています。たとえば、ＦＲＩＤは国境を越えた流れをチェックし、一部の製品や人間の通過を許しても、他のものの通過は許しませんが、新たなＱＲコードは、依然として監視ではあっても、出来事やチャンスや人物についての情報を自由に共有することで、消費にまつわる摩擦を極小化することを目的としています。その魅力はリキッド・モダンのコンテクストを反映しています。

ジョージ・オーウェル（一九〇三―五〇）の小説に登場するビッグブラザーによる社会統制の問題についてはどうでしょうか？　監視が単なる新しいテクノロジーの支配の増大にとどまらないとすれば、それは権力の配分のあり方にも関わるものなのでしょうか？　少なくとも西洋世界における監視の重要なメタファー（隠喩）は、紛れもなくビッグブラザーです。政府の行政機関が完全な統制の手段として、ファイルや記録のついた行政装置を用いて個人や集団に焦点を当てるようになると、私たちはビッグブラザーのことを語ります。前に述べたように、「第二次世界大戦後に、西洋民主主義の持つ全体主義的な潜在能力に警告を発しようとしたオーウェルの『一九八四年』では、国家は自らの権力に病的な関心を抱くようになり、市民の日常生活の統制に深く関わるようになりました」。[10]

しかし、オーウェルのメタファーには確かに説得力がありますが（そして、彼自身の対応策としての人間の「品性」に対する言及もそうですが）、その他の例もあります。たとえば、万事にわたって人々を不確実な状態におく（あなた方のことを誰が知っているのか？　彼らはどのようにして知るのか？　この知識は今後あなた方にどんな影響を及ぼすのか？）、フランツ・カフカの影のような権力は（ダニエル・ソロヴやその他の人々が論じているように）[11]、今日のデータベースの世界の水準に近いものですが、オーウェルのものと同様、それはまだ主として国家の代理人《エージェント》への言及にとどまっています。もっと早い時期に現れたメタファーが、イギリスの功利主義の監獄改革者、ジェレミー・ベンサム（一七四八—一八三二）による、ギリシャ語で「すべてを見られる場所」を意味する「パノプティコン」です。これは建築家の設計図でしたが、それにとどまらず、「道徳的な建築物」であり、この世界を作り直すための処方箋でした。

ベンサムのおかげによるだけでなく、そこにバウマンのいわゆるソリッド・モダニティ（個体的近代）のもっとも重要な具体化を見出した二〇世紀半ばのミシェル・フーコーのおかげで、非常に広範な研究者を監視と結びつけているのが、このパノプティコン仮説です。フーコーは、意欲のある労働者を生み出すパノプティコン的な規律や「魂の調教」に焦点を当てました。バウマンによれば、フーコーは「近代的な権力の典型的なメタファー」としてパノプティコンを用いています。パノプティコンの被収容者は、「監視下にあるがゆえに動くことができず、常に指定された場所にとどまらなければならなかった。その瞬間に（自分の意思で自由に動くことのできる）監視者がどこにいるのかわからず、知る手がかりもなかったからである」[*12]とされます。しかし、今日、そうした硬直したあり方は氷解してしまっており（この段階の近代を「リキッド」と呼ぶかどうかは別にして）、「おそらくはポスト・パノプティコンの段階に入っている」のでしょう。そして、パノプティコンの監視者が（どこかに）いるにしても、今日の権力関係において権力のレバーを握る人々は、「どの瞬間にも、手の届かない存在となり、アクセス不能な状態にある」[*13]のです。

バウマンと私が（必ずしも同じ理由のためでなく）考えているのは、多くのものがパノプティコンと運命をともにしていることであり、そして、ここでの私たちのプロジェクトの目的は、ある面で抽象的な学問的議論に見えるものから、非常に差し迫った現実的な意味を引き出すことです。「ビッグブラザー」という言葉が、引き続き高圧的な国家権力に悩まされている人々の想像力をとらえているように、パノプティコンのあり方も二一世紀において監視がどう作動しているかについて多くを物語っています。バウマンが正しければ、管理する者とされる者が対面しあう「相互関与」の時代はすでに終わっています。すなわち、新たなショーは、「権力が電子的なシグナルのスピードで動くことのできる」よりいっそうとらえどころのないドラマになっているのです。

このことが提起している問題は非常に大きなものです。単純化すれば、フーコーが念頭に置いた各種の言説《ディスコース》ではなく、情報処理に基礎を置く新たな監視活動によって、市民のみならず私たちすべてが、日常生活で私たちが果たす役割の範囲を超えて常にチェックされ、検査され、評価され、値踏みされ、審査されるようになっているのです。*14 しかし、逆もまた真なりとは言い切れません。私たちの日常生活の詳細が私たちを監視する組織によってよりいっそう透明にされる反面、監視する側の活動はしだいに見えにくくなっているからです。リキッド・モダニティの流動性の中で権力が電子的なスピードで作動するにつれて、透明度が増大しているものもあれば、減少しているものもあるのです。

しかし、これは、陰謀によるものでないのはもちろん、必ずしも意図的なものとも言い切れません。新たな監視の持つ不透明性はある面で、その高度な技術的性格や、組織の内部や組織間の複雑なデータの流れと関係があります。またある面では「国家の安全保障」や商業的な競争を取り巻く秘密とも関連があります。おまけに、バウマンのいわゆるリキッド・モダニティのポスト・パノプティコン的な世界においては、各組織によって積極的に集められた個人情報の多くが、携帯電話を使用し、モールでショッピングを行い、休暇で旅をし、もてなしを受け、ネットサーフィンを行なう人々によっても活用されるようになっています。私たちは自分たちのコードを読み取り、郵便番号を繰り返し唱え、自分たちのＩＤを日常的に、自動的に、積極的に提示しているのです。

しかし、私たちはすべての留め金を外されたわけではありません。近代のパノプティコン主義が重要な社会的・政治的な結果をもたらしたように、リキッド・モダニティのポスト・パノプティコン的な権力も深刻な影響をもたらします。監視が問題となる際に、多くの人々が最初に思い浮かべるのがプライバシーの喪失ですが、プライバシーはそのもっとも重要な犠牲者ではなさそうです。たしかに匿名性や秘密性、プライバシーの問題も無視すべきではありませんが、監視は公平や公正、市民の自由、人権の問題とも結びついています。その理由は、私たちがこれから見るように、善かれ悪しかれ、今日の監視が主に行なっているものが社会的振り分け（social sorting）だからです。[*15]

もちろん、新旧の監視の権力の間にはある程度の連続性があり、それぞれがライフチャンスや、機会、報酬、特権を配分する働きを持っています。パノプティコンの原理は、歴史的に、家庭や学校、工場や監獄において、ヒエラルキーや階級の区別を維持する機能を果たしてきました。[*16]同様に、逆説的なことですが、今日のリキッド・モダニティの流れやその小さな渦巻きは恣意的で偶然に見える一方で、今日の監視を駆動させている統計やソフトウェアのロジックは驚くほど一貫性のある結果を生み出しています。「アラブ人」や「ムスリム」の人々が空港で他の人々よりもはるかに「ランダム」な精査の対象となるばかりか、オスカー・ガンディが示しているように、現代の消費者監視によって達成される社会的振り分けは、「不利益が増大」する世界の構築に寄与しているのです。[*17]

しかし、私たちはもう一歩先に進もうとしています。リキッド・モダニティという概念は、その中で監視を単なるテクノロジーの増大や権力による把握の増大以上のものとみなす、より広い文脈（コンテクスト）を提供してくれます。近代に至ってようやく重要な社会制度としての地位を確立した監視は、今や、バウマンが「リキッド」と名づける新しいモダニティの形態と一部その特徴を共有すると同時に、その新たなモダニティによって形成されているのです。したがって、生まれつつある新たな監視のパターンの手がかりを得る一つの方法は、それらがどうリキッド・モダニティと関連しているかを考えることです。

## ともに語り合う

以下の対話は、前述の「リキッド」というメタファーを一つの探針としながら、今日の監視にまつわる一連の軋轢や逆説について検討しようとするものです。私たちはこの旅を、自分たちが現在暮らしている電子的に媒介される関係の世界から開始します。バウマンは、二〇一一年の夏に、ドローンやソーシャルメディアについて考察をめぐらした「ふたたび一人にならないことをめぐって」という、例によってアイロニーに富んだ題名の論文を公にしました（詳しくは三四頁を参照）。私たちが本書の主題にしようとするのがこの問題です。無人機ドローンは今やハチドリと同じくらいのサイズに小型化されていますが、それが求める蜜の解像度はしだいに高まっています。しかし、いずれにせよ、なぜ、私たちはこういうものが気になるのでしょうか？　結局のところ、匿名性はフェイスブックやその他のソーシャルメディア上ですでに崩壊しつつあります。プライベートなものが公になり、数え切れないほどの「友人」や偶然に立ち寄った「ユーザー」によって称賛され、消費されています。

しかし、すでにそれとなく触れたように、私たちはリキッド・モダニティのポスト・パノプティコン的な側面の問題を避けることができないので、これからこの議論を掘り下げることにします。かつてのソリッド・モダニティの時代の監視の固定性や空間志向を、今日の流動的で可動的な明滅するシグナルと対照させることによって、私たちの議論の位置は定まります。どの点で引き続きフーコーに従ったらいいのか、どこで彼の議論を更新し、拡張し、拒絶する必要があるのか？　メタファーと概念の関係についての対話や、ドゥルーズやデリダやアガンベンらの議論をめぐる対話、そしてもちろん、私たちの理論的で概念的な選択の政治的・倫理的影響をめぐる対話が、関連する糸をより合わせることになるでしょう。

私たちは、今日の監視の技術的側面よりも、むしろ、その技術社会的《テクノソーシャル》な側面を俎上に載せ、そしてさらにバウマンが『近代とホロコースト』（原題：*Modernity and the Holocaust*）（二〇〇一）の中で暴露したソリッド・モダニティの時代の非常に両義的《アンビヴァレント》な遺産を呼び戻すことにします。ユダヤ人移送用の家畜運搬列車や絶滅収容所で見られた綿密な機構、犠牲者と当局者の入念な分割、運営面での機械的な効率の高さは、物理的な暴力を加えるためというよりは、人々を振り分けて異なる処理を施すためだったのではないでしょうか？　電子的でネットワーク化されたテクノロジーはどのようにして、とりわけすでに周縁化されている集団に、劇的な変化というよりも、陰険極まりない結果をもたらすのでしょうか？　遠隔性や遠隔化や自動化は、今日それぞれコンピュータに支援されてそれぞれの役割を果たしています。

さらなる対話の道筋はとりわけセキュリティと関連のある監視に関わるものです。豊かなグローバル・ノースの国々では、九・一一事件が安全《セキュリティ》やリスクに対する既存の強迫観念《オブセッション》の増幅に寄与しました（この出来事について世界中でまったく違う解釈がなされているにしても）。私たちは、市民的な自由と安全がゼロサムゲームの状態にあるとか、「隠すもの」を持っている人だけが恐怖心を抱いているといった、単純極まりない見方を避けることにします。そして、私たちは音波探知機を働かせて新たに登場しつつあるセキュリティ・監視複合体を探るつもりです。そこでは、企業や諜報機関が外部調達や契約調達によってデータをかき集める世界が現出している一方、恐怖や疑念といった昔ながらの武器も活用されています。

それから、読者の方々がバウマンの古典的テーマである消費主義と貧困の再生産というテーマ*18をめぐって何が起こっているか考え始めているといけないので、私たちのコーヒーが冷めないうちに、この監視の重要な側面についても議論することにします。バウマンはこれまで、消費主義が社会的な分断や社会的なアイデンティティの生産と共生しているあり方を絶えず暴き出してきました。ここに見られるパラドックスは、消費が消費者に心地よい魅力を掻き立てている一方、そうした魅力が大規模な系統的監視の結果でもあるという点です。このことはかつてのデータベース・マーケティングの段階では明らかではありませんでしたが、アマゾンやフェイスブックやグーグルの登場に伴って、現在の監視技術の水準がこの点を露わにしつつあります。しかし、繰り返しますが、これは予想されたことです。

この対話の各テーマは、それはリキッドなものか？　それはどんな変化を引き起こすのか？といった今日の監視に即した分析だけにとどまらず、そうした分析に付随する緊急の倫理的課題についても問題提起しています。私たちは、バウマンの『ポストモダンの倫理 *Postmodern Ethics*』（一九九三）その他の分析から拾い上げて、開示的で規範的な倫理がどの程度、今日の監視の現実に対応するのかを問うことになるでしょう。インターネット・サービス・プロバイダが持つ個人データへの政府からの無制限のアクセス要請や、一部の患者の保険の適用範囲を抑えるための保健プロファイルの活用など、今日の監視をめぐる緊急の政治的現実に、これらの倫理はどの程度対処できるのでしょうか？

「行為主体と希望」をめぐる最後の対話は、リキッド・サーベイランスのかなたにまで議論を進めています（前の対話がそうであったように、ほとんど抑えがきかなくなっています！）。これらの諸問題は最初の議論の中で何度も浮上したので、ここでそれに正面から向き合おうとしました。私たちの大西洋を挟んだ対話がこの点にまで及ぶようになると、議論は過熱とまでは言わなくともいっそう熱を帯び、回答を待てないほどだったと告白しなければなりません。それと同時に、その回答が（私のものよりも速く）届いたとき、私はときどき、この対話の中で私たちがどうしてこの話題にたどりついたのか忘れてしまうほどでした！　率直に言えば、私の敬愛する友人が本当に言いたいことがあるのに、他の話題に移ってしまった場合もあるのではないかと思っています。でもそれでよしとしましょう。私はそのことでバウマンをいっそう尊敬しています。

この対話全般にわたって、私たちは要するに、リキッド・モダニティの定理が今日の監視を考える上でのいくつかの重要な手がかりを与えているという、周知の信念に駆り立てられてともに研究にたずさわり、考え方を共有しているのだということを強調すべきでしょう。しかし、私たちはいくつかの重要なコミットメントについては一致していても、数多くの重要な点で意見を異にしています。ただし、それらをめぐって議論する価値があることで一致していることもまた事実です。

# 第１章
# ドローンとソーシャルメディア

**デイヴィッド・ライアン**　「はじめに」のリキッド・サーベイランスに関する項を念頭に置きながら、最初に次のことを掘り下げてみたいと思います。あなたのいわゆるリキッド・モダンの世界では、監視は無人機ドローンやソーシャルメディアに代表されるような新たな形態に変化しており、そのことをあなたも最近書かれています。それぞれが個人情報を生産して処理していますが、その方法はまちまちです。それらのメディアは補い合っていて、私たちがその一つ（たとえばソーシャルメディア）を何気なく使用しているうちに、小型化されたドローンなどによって、別なところで気づかないうちに個人データを引き出されてしまうのでしょうか？　さらに、こうした新たな展開は、日常の世界の私たちの匿名性や不可視性にとってどんな意味を持つのでしょうか？

**ジグムント・バウマン**　あなたが今言及されたソーシャル・ヨーロッパ・ジャーナルのウェブサイトに私が数カ月前発表した短い論文がその格好の出発点になるでしょう。それを詳しく引用するのをお許し下さい。その論文で、私は一見関係のない二〇一一年六月一九日付けの二つのニュース記事を並べています（いずれの見出しやリードも注目に値します）。あらゆる記事がそうであるように、この二つの記事も日常的な「情報のツナミ」現象によってもたらされたものです。すなわち、ニュース記事の洪水の中の二つの小さな雨粒が、表向きは啓発や明確化を目指しながら、実際には視界を不鮮明にし、混乱させてしまっているのです……。

エリザベス・バミラーとトム・シャンカーという記者が書いた一方の記事[*19]は、トンボやハチドリの大きさにまで縮小されて、窓枠の上に心地よさそうに止まるドローンの急増という現象を取り上げています。航空宇宙エンジニア、グレッグ・パーカーの見事な表現によると、これらのドローンは「普通の日常的な風景の中に隠れてしまう」よう設計されています。ブライアン・ステルターという記者が書いたもう一方の記事は、インターネットは「匿名性が消滅する場」[*20]だと公言しています。これらの二つの記事はともに、プライバシーを規定する二つの特徴である不可視性と匿名性の終焉について論じており、そのことを予言しています（二つの記事はそれぞれ別個に、お互いの存在を知らずに書かれたにもかかわらず）。

プレデター〔米空軍の無人航空機の一種で、偵察に加えて地上攻撃機能も持つ〕のために悪評が高まった、スパイ活動や攻撃任務を担うアメリカの無人機ドローン（「二〇〇六年以降、これによって、パキスタンのトライバル・エリアにいた一九〇〇名以上の反政府勢力のメンバーが殺害されている」）は鳥の大きさ、さらには昆虫の大きさにまで縮小されようとしています（先進飛行技術専攻の博士課程の学生、メジャー・マイケル・L・アンダースンによると、昆虫の羽のはばたきは鳥の羽の動きよりはるかに模倣しやすい上に、空中で停止する技能で有名なスズメガの優れた空気力学技術は「われわれの不器用な航空機ができること」

を凌ぐ可能性があるために、まもなく到達するはずの設計上の飛躍のターゲットに選ばれています）。

これらの新世代のドローンは、すべてのものを可視化しながら自らは不可視の状態にとどまり、すべてのものを脆弱な状態にしながら、自らは攻撃を受ける恐れがありません。米国海軍兵学校の倫理学教授のピーター・ベイカーによると、ドローンは戦争を「英雄後の時代（post-heroic age）」に導くとのことですが、他の「軍事倫理学者」によると、すでに大きく広がっている「米国の一般市民とその戦争の距離」をいっそう拡大するとのことです。言い換えると、ドローンは戦争を国民にほとんど見えないようにする方向に一段と飛躍させる（徴兵制度から職業軍人への転換後の第二の飛躍）結果、国民の生命は危険にさらされず、コラテラル・ダメージ（巻き添え被害）の恐れもなくなり、政治的なコストもかからなくなるのです。その結果、戦争を始めやすくなり、戦争を行なう誘惑に駆られやすくなります。

次世代のドローンになると、文字通りそして比喩的にも心地よいくらい不可視の状態にとどまり、誰もその監視の目を逃れるすべはなくなります。ドローンを起動させる技術者ですらその動きを制御できなくなるため、どれほど強い要請があっても、あらゆるものが監視下に置かれるのを、手をこまねいて見ているしかなくなります。つまり、「新しい改良型」ドローンは、自分が選んだ時間に自分が選んだ旅程に従って自力で飛行するようプログラムされることになるのです。いったん、それが計画どおり作戦に投入されると、そこから提供される情報は無限大です。実のところ、これが一定の距離を隔てて自立的に活動する能力を備えた新たな偵察・監視技術の特徴であり、そのことがその設計者を非常に悩ませているのです。そのため、二つの記事を書いた記者らは自らの懸念を次のように記しています。すでに「データのツナミ」が空軍本部を圧倒して彼らの消化・吸収能力を凌いでおり、その結果、彼ら（あるいは他の誰か）には制御できなくなる恐れがある、と。九・一一以降、ドローンから提供される情報を空軍の職員が再生するのにかかる時間は三一〇〇％も増大し、毎日一五〇〇時間以上もの情報が追加されています。いったん、このドローンのセンサーの限定的で「ソーダのストロー」のような視覚が、一度に都市全体を視野に収める「ゴルゴンの凝視〔ギリシャ神話に登場する三姉妹の怪物ゴルゴンの目には人を石に変える力があるとされる〕」に置き換えられると、たった一機のドローンがもたらす情報に対処するアナリストの数は、現在の一九人では足らず、二〇〇〇人も必要になるでしょう。しかし、底なしの「データ」のコンテナから「興味があって」「関連のある」対象を探り出すには膨大な作業と多額の費用が必要であり、どんなに興味深いと思われる事柄も、まずはこの情報のコンテナの中で一緒くたにされてしまう恐れがあります。なにしろ、「ハチドリ」が誰の家の窓枠に止まるのか、いつ止まるのかさえ、誰も正確に知らないのですから。

インターネットにおける「匿名性の死」となると話は少し違います。つまり、私たちは自らの意志でプライバシーの権利を手放すのです。あるいは、私たちは提示される素晴らしいものに対する納得のいく代償と引き換えに、プライバシーの喪失に同意するのかもしれません。もしくは、私たちの個人的な自立を手放すようにとの圧力が非常に強くて、羊の群れのような境遇に置かれるがゆえに、ごく少数の反抗的で大胆で好戦的で意志の強い人以外は、その圧力に耐えられないのです。ただし、いずれにしろ、私たちは少なくとも名目的には、選択と双務的な契約の体裁、侵害された場合に保護され、訴えを起こす正式な権利、すなわち、ドローンのケースでは決して与えられないものを提示されています。

にもかかわらず、私たちはいったんその中にいると、運命の人質の状態におかれます。ブライアン・ステルターが述べているように、「二〇億のインターネット・ユーザーによる集団的な諜報活動と、多くのユーザーがウェブ上に残すデジタルな「指紋」が結びつくと、あらゆる恥ずかしいビデオ映像や個人的な写真、不謹慎な電子メールが、その被写体や出典元の意向にかかわらず、それらの人々のものとみなされるようになる」のです。バンクーバーの街頭暴動の写真を撮ったフリー・カメラマンのリック・ラムが、自分の撮った写真の中に(偶然)映っていた熱烈な口づけを交わすカップルを追跡してその身元を明らかにするまでに一日しかかかりませんでした。すべてのプライベートな事柄が今では公の場で行なわれているようなものであり、それを一般の人々が消費できる可能性があります。そして、いったん無数のサーバに記録されたものはインターネットが「忘れさせることができない」ため、永遠に活用されます。「こうした匿名性の侵食は、普及しているソーシャルメディア・サービス、安価なカメラ付き携帯電話、無料写真、動画共用サイトの産物であり、さらにおそらくもっとも重要なことは、何を公的なものにすべきか、何をプライベートなものにすべきかをめぐる一般の人々の見方の変化の所産だということ」

です。これらの技術的な機械装置のすべてが、言われているように、「ユーザー・フレンドリー」です（このお決まりの宣伝文句も、よく考えれば、イケア（ＩＫＥＡ）の家具のように、ユーザーの作業がなければ完成しないのですが）。さらに、ユーザーの熱烈な貢献や耳をつんざくような拍手喝采もなしに行われる、と付け加えておきましょう。フランスの人文学者のエティエンヌ・ド・ラ・ボエティならばおそらく、ＤＩＹ〔do it yourself の略で、日曜大工のこと〕がもたらすのは自発性ではなく隷従であると指摘したい誘惑に駆られることでしょう……。

ドローンのオペレーターと、フェイスブックのアカウントのオペレーターの出会いからどんな結論を引き出せるのでしょうか？　一見異なる目的で行動し、正反対の動機に駆り立てられているこれらの二種類の人々はしかし、密接かつ進んで非常に効率的に、あなたが「社会的振り分け《ソーシャル・ソーティング》」と適切に名づけたものを実施し、支え、拡大しようと協力し合っているのではないでしょうか？　現代版の監視のもっとも注目すべき特徴は、それがどういうわけか、正反対のものを協働させようとしたり、それらを同じ業務のために協力させたりしていることだと思います。一方で、従来のパノプティコン的な戦略（「いつ自分が監視されているか分からないので、常に監視されていることを念頭に置くべきである」）も着実に、とどまることなく、広範に実施されています。他方で、従来のパノプティコンの悪夢（「私は決して一人ではない」）は「ふたたび一人になることはない」（見捨てられ、無視され、追放され、排除されることはない）という望みに変えられた結果、今では、暴露されることへの不安が、気づかれる喜びによって抑えられているのです。

これらの二つの展開、そしてとりわけ両者の和解と同じ任務を遂行する上での協力は、もちろん、投獄や監禁に代わって、排除が存在の安全（セキュリティ）に対する最大の脅威と不安の源泉の役割を引き受けたことで可能になりました。監視され、見られているという条件は、脅威から誘惑に分類し直されているのです。可視性を高めるという約束、誰もが目にすることができて誰もが気づく「オープンな状態にある」という見通しは、もっとも熱烈に求められている社会的な承認の証拠であり、したがって価値があり、「意義のある」存在である証拠ということになります。そして、アクセス可能な記録に正式に登録されて、欠点も含めて完全な自分を手にすることは、排除が持つ毒性に対する最良の予防措置であり、追い立てられることへの恐怖心を免れる有力な方法のように見えます。事実、それは明らかに、自らを不安定な社会的存在と自覚している人々にとって抵抗できないほど強力な誘惑です。最近の「ソーシャル・ウェブサイト」の驚くべき成功はこの流れの格好の見本だと思います。

二〇歳のハーバード大学の落ちこぼれであったマーク・ザッカーバーグ（一九八四―　）も、本当のところ、二〇〇四年の二月にインターネット上でのハーバードの学生向けのフェイスブックの発想を思いつき（盗んだという人もいます）[*21]、事業として立ち上げる中で、偶然に金鉱のようなものを発見したに違いありません。それだけは確かです。しかし、幸運なマークがとてつもなく大きな鉱山を発見してそれを掘り続け、引き続き着実に利益を上げ続けている、その金のような鉱石とはいったい何だったのでしょうか？

フェイスブックの公式サイトは、そのメリットを次のように説明しています。それはフェイスブックのヴァーチャルな広がりの上で、〔フェイスブックのアクティヴユーザーである〕五億人のすべての人々に向けて、起床している間のかなりの時間を使うよう、誘惑し、魅惑し、誘いかけています。

ユーザーは、写真や個人的な興味のリスト、コンタクト情報、その他の個人的な情報から利益を生み出すことができます。ユーザーはプライベートあるいは公的なメッセージ、さらにはチャット機能を通じて、友人やその他のユーザーとコミュニケーションを交わすことができます。さらにユーザーは、インタレストグループや「いいね！ボックス」（二〇一〇年の四月まで、公式には「ファンページ」と呼ばれていた）を作ったり、加わったりすることができ、その中には各組織が広告の手段として運営しているものもあります。

言い換えると、フェイスブックのユーザーの大群が「アクティヴユーザー」の隊列に加わったときに抱き寄せたものは、マーク・ザッカーバーグによってハーバードの学生たちに提供されたものがインターネット上に登場するまで、彼らがどこで探したらいいか、どこで見つけたらいいか知らないまま、克服したいと願っていた次の二つの課題でした。第一に、彼らは常に大きな孤独感を味わっていましたが、自力でその孤独を逃れるのは困難であると自覚していたのでしょう。

第二に、彼らはひどくなおざりにされ、顧みられず、無視されていると感じるか、わき道に追いやられ、追放され、排除されていると感じていたに違いありません。そして自力で、自分の憎むべき匿名性から這い上がろうとしたものの困難もしくは不可能であると、あきらめていたはずです。ザッカーバーグは、両方の課題を克服するために、今まで彼らが見落としていて、求めても得られなかった手段を提供しました。そこで彼らはそのチャンスをつかもうとしたのです。彼らにはそれに飛びつこうとする準備が整っており、足はすでにスターティング・ブロックの中に収まっていて、筋肉は緊張し、耳はスタータの合図を聞き逃すまいとピンと立っていたに違いありません。

広告代理店ドイツＬＡのデジタル・クリエイティブ・ディレクターのホセ・ローズは最近「インターネットはわれわれの人間性を奪うのではなく、それを反映するものである。インターネットはわれわれの中に入り込むのではなく、われわれの中に何があるかを示すのである」[*22]と語っていますが、この指摘は非常に的を射ています。メッセンジャーが運ぶメッセージの内容が悪いからといってメッセンジャーを非難してはなりませんが、その内容がいいからといって彼をほめてもいけません……。そのメッセージによって喜ぼうが絶望しようが、結局、それは受け手の好き嫌いや、夢や悪夢、希望や不安によるのです。メッセージとメッセンジャーに当てはまるものは、インターネットが提供するものとそのメッセンジャー、すなわち、それらをスクリーン上に示し、私たちをそれらに注目させる人々にも当てはまるのです。この場合、私たちフェイスブックの「アクティヴユーザー」である五億人が、それらを、そしてそれらの私たちの生活に対するインパクトを、良いものにも悪いものにも有益なものにも有害なものにもするのが、その活用方法なのです。それはすべて、私たちが従うもの、私たちの願望を多かれ少なかれ実現し、私たちの探求を遅かれ早かれ、多少なりとも効果的なものにする技術的しくみにかかっています。

**ライアン**　おっしゃる通りです。私も、インターネットとソーシャルメディアの活用が私たちの社会的な関係を露わにしている点を評価しています。とくに、このことが私たちに、何が変化しているのかについて知る手がかりを与えてくれるからです。たとえば、「プライバシー」をめぐる問題は絶えず変化しており、私たちがかつて想像していたよりはるかに複雑になってきています。私たちはプライバシーと秘密の結びつきに同じようなものを見ており、後者は、ゲオルク・ジンメル（一八五八―一九一八）の社会学の古典[*23]の中でも重要なテーマとなっています。ジンメルにとっては情報を暴かないことが社会的な相互関係を築く上で非常に重要です。私たちが他人とどのような関係を結ぶかは、私たちがその人たちの何を知っているかに大きく左右されるためです。しかし、ジンメルの論文は一九〇六年に最初は英語で公にされたものであり、その議論は、情報の流れの促進や遮断や転換のあり方が変わったためだけでなく、既存の「秘密」とそれがソーシャルメディア内の公的な領域にもたらすインパクトによって生じた新しい課題のためにも、更新する必要があります。[*24]

二〇世紀の後半には、フーコーの「告白」に関する見解がよく知られるようになりました。フーコーは、告白、とりわけ罪の告白は真理の重要な基準となっており、人間の存在の深みから引き出されるものと考えました。フーコーは、たとえば聖職者に対する告白のような非常にプライベートな告白の方法と、大見出しを飾るような公的な告白の両方に着目しました。フーコーが理解していたように、宗教的な告白は文字通り「魂にとってよいもの」だったのに対し、今日の世俗的な告白は密かに個人の健康と幸福に寄与しています。いずれにせよ、フーコーは、個人が自らの監視に積極的な役割を果たすと考えました。それはともかく、（フーコーがまだ生きていて）告白が議論の的になったら、フーコーならおそらく、あけすけなブログや「親密な」フェイスブックのポストのことに注目したことでしょう。そして、何が「公的」で何が「プライベート」かを問題にしたはずです。一人の人物に囁かれるキリスト教的な告白は謙虚さに関わるものです。一方のブログは、それを読むことを選んだ誰にでも明かされるものであり、それは自己宣伝です。それは知名度を高めることや、あるいは少なくとも公表に関わるものです。

**バウマン**　前近代（中世）における告白の解釈と、近代におけるそれとの間には大きな違いがあります。前者は何よりも身体的あるいは精神的な拷問を加える者が、自らの教会の上級者という立場によって、事前に知られている事柄を真理の再表明や再確認という形で表出させる、罪の告白の形式です。それに対して、後者は個人性と個人のプライバシーの基礎である「内部の真実」、「自己」の真性性の表明であり、具体化であり、主張なのです。しかし、本当のところ、今日の告白社会の到来は両義的《アンビヴァレント》な出来事でした。それは何よりも近代の発明であるプライバシーの最終的な勝利を印すものでした（その勝利の頂点からの目の回るような凋落の始まりでもありましたが）。ただし、プライバシーは確かに、公的な領域を侵略し、征服し、植民地化しましたが、それはその特徴であり、もっとも大事にされ、もっとも熱心に擁護される特権である秘密への権利の喪失という犠牲を払った上での勝利の瞬間だったのです。

秘密は、他のカテゴリーの個人的な告白と同じように、定義上、それを他人と共有することが拒否されるか禁じられている、あるいは厳しく管理されている知識です。秘密は、いうなればプライバシーの境界線を引いて印をつけるものです。プライバシーは自分自身の領域であることを意味する範囲、すなわち人間の不可分の主権の領域です。そして、人はその内部で「私は何であり、誰なのか」を決定する包括的で目に見えない力を持っており、そこから人は、自分の判断を手にし、それを承認してもらい、尊重してもらう作戦に乗り出し、それを再開することができるのです。しかし、私たちは、祖先の習慣からの驚くべきUターンを図る際に、それらの権利を守り抜こうとする勇気や体力、とりわけ、個人の自立性のかけがえのない基礎である意志を失ってしまいました。

今日の状況は、私たちを不安に陥れるようなプライバシーの密告や侵害の恐れがあるというよりは、その逆です。すなわち、その出口を閉ざしているとされるのです。プライバシーの領域は閉じ込めの場とみなされ、プライベートな空間の所有者はとがめられ、自業自得の状態におかれています。その一方で、プライバシーの城壁の背後から秘密を搾り出して剥ぎ取り、それらを公の場に持ち込んで、みんなの共有財産や誰もが共有したいと望む財産にしようとする者もいない状況です。テレビのトークショーや、タブロイド紙の一面、大衆雑誌の表紙の研究者や編集者の関心を引くことで、私たちの自尊心をくすぐりそうな秘密でもないと、私たちは、秘密を手にすることに何の喜びも見出せなくなっているのかもしれません。

「ソーシャル・ネットワーキングの核心にあるのは個人情報の交換です」。ユーザーは「自分たちの個人的な生活の詳細を明らかにし」、「正確な情報を公示し」、「写真を見せ合って」幸せを感じています。一三歳から一七歳までのイギリスのティーンエイジャーの六一%が「ネットワークサイトに個人的なプロファイルを持っており」、「オンラインを社会化《ソーシャライズ》」できるとされています。*25

一般の人々の間での最新の電子機器の使用という点で東アジアより遅れているイギリスのユーザーは、いまだに自らの選択の自由を表明するために「ソーシャル・ネットワーキング」を信頼しており、それを若者の反乱や自己主張の手段だと信じてさえいます。しかし、たとえば、韓国では、すでに社会生活のほとんどが日常的に電子メディアによって媒介されており（あるいは社会生活がすでに電子的な生活やサイバーライフに転換しており、「社会生活」のほとんどがコンピュータやiPodやモバイルを介して行なわれ、その他の対面的な交流は二次的なものになっていて）、若者に選択の余地すらないのは明らかです。彼らが生きている場は電子的な社会生活を送ることがもはや選択ではなく、「それを取るか、それとも去るか」を迫られている世界なのです。「実物宣伝文化」の韓国のサイバーマーケットのリーダー格であるサイワールドにまだ接続できない少数の人々には「社会的な死」が待ち構えているのです。

しかしながら、「内部の自己」を公にしようとする衝動とその衝動を満たそうとする欲望を、純粋に世代的で年齢特異的なティーンエイジャーの中毒の現れに他ならないとみなすのは重大な誤りでしょう。彼らは自然に「ネットワーク」（社会科学的な言説や一般の人々の会話の中で急速に「社会」に取って代わりつつある言葉）の中に足がかりを得てそこにとどまる傾向がある一方で、その目標を達成する最良の方法には確信が持てないでいます。公的な告白に対する新たな嗜好は、「年齢特異的」な要素によっては説明できません。いずれにせよ、それだけでは説明できないのです。エウヘネ・エンリケスが最近、リキッド・モダンのすべての消費者の世界のセクターから集めた、急速に増大しつつある証拠からのメッセージを要約しているように、

かつては目に見えなかったもの――すべての人々が共通に持つ内密なもの、すべての人々の内面生活――を今では公の場にさらすよう求められている（主としてテレビの画面上であるが活字メディアの場でも）ことを無視できないとすれば、それらを目に見えないようにしようとする人々は拒否され、のけ者にされるか、犯罪者とみなされる運命にあると言えるだろう。身体的・社会的・心理的な面で裸の状態が今日の一般的な傾向なのである。*26

携帯できる電子的な告白室を身につけたティーンエイジャーは、告白社会の生活術を身につけ

る訓練に励んでいる見習い工に他なりません。告白社会は、かつてプライベートとパブリックの領域を分けていた境界線を消し去り、プライベートなものを公開することを公式の徳目や義務にする社会であり、プライベートな秘密にされるのを阻むものを、それを打ち明けるのを拒む人々と一緒に、公的なコミュニケーションから一掃することで悪名高い社会なのです。

ジークフリート・クラカウアー（一八八九―一九六六）は、生産者社会から消費者社会への変容がまだ始まったばかりで、鈍感で近視眼の観察者がその変化を見過ごしていた一九二〇年代末という早い段階で、次のように指摘しています。クラカウアーは、かろうじて目に見えるものや、形のないいつかのまの流行や嗜好の変化の中に潜んでいる未来の予想される流れを、初期段階で拾い上げる不思議な能力を持った思想家でした。

数多く存在する美容サロンに駆け込む現象は、存在の不安から起こっている面があり、化粧品の使用も必ずしも贅沢なことではない。紳士淑女たちは、時代遅れとみなされて、引退を余儀なくされることへの不安から髪を染めており、四〇歳になると人々は痩せるためにスポーツに励んでいる。最近発行された小冊子の題名は「どうすれば美しくなれるか」となっており、「現在もそして今後も永遠に若さを保てる」方法を示すと謳った新聞広告も現れている。[*27]

一九二〇年代の初頭にクラカウアーがベルリンの注目すべき珍しい現象として記録した新しい

習慣は、その後森林火災のように広がって、今では地球全体の日常の風景になっています（あるいは少なくとも夢になっています）。その八〇年後に、オーストラリア生まれの女性運動家ジャーメイン・グリア（一九三九―　）は、「中国西北部の奥地の女性たちも、パジャマを傍らに置いて、パッドが入ったブラジャーやセクシーなスカートを身に付け、まっすぐな髪をカールさせて染め、化粧品を買うために貯金している。これが解放と呼ばれている」[*28]と述べています。

注目を集めたいがために懸命に自分たちの品質を示そうとしたり、社会化のゲームの中にとどまるために必要な承認や認可を得ようとする男女学生、よりよいサービスを得ようと自分たちの購入記録を増やし、クレジットの利用金額を拡大する消費者、さらには申請書類を承認してもらうために、自分たちの貢献の証拠である点数を必死に集めて提示しようとする移民志望者。明らかに異なるこれら三種類の人々、そして、自らを商品市場で販売せざるをえず、自らを最高のせり手に売ろうとしているその他の人々は、魅力的で望ましい商品をプロモートするよう導かれ、説得され、強制されており、その結果、自分たちが販売する商品の市場価値を高めるために、最良の手段を駆使して頑張らざるを得ないのです。そして彼らが市場に出荷するよう促され、販促活動や販売活動を行なっている商品は、彼ら自身なのです。

彼らは商品のプロモーターであると同時に、自分自身がプロモートする商品です。その一方で、彼らは商人であり、販売代理人であり、品物であり、その訪問販売員でもあります（そして、教職に応募したり、研究基金の申請を行なったりする研究者はみな、そうした際に困難を来すケースが多いと付け加えたいと思います）。統計表の作成者がどの集団に分類しようとも、彼らはみな市場と呼ばれる同じ社会空間に住んでいます。政府の公文書係や調査に携わるジャーナリストがどの見出しの下に分類しようとも、彼らが関わっている活動は（選択によるものか必要性によるものか、あるいはもっとも一般的な両方によるものかを問わず）マーケティングです。彼らが切望している社会的評価を得るために合格しなければならないテストは、彼らに対して、自分を、関心を集め、需要を喚起し、顧客を引きつける商品に変えるよう求めています。

今日、「消費すること」は、嗜好を満たすことというより、自らの社会的な成員資格《メンバーシップ》に投資することであり、それが消費社会の中では「販売可能性（saleability）」と訳されるのです。つまり、すでに存在する需要のために品質を保持するか、あるいは引き続き生み出されそうな需要のために、すでに所有しているものをリサイクルして商品化するのです。消費市場に提供される大半の消費財は、敏感な顧客を獲得するための魅力やパワーを、それらの本来のあるいは帰せられた投資価値や、明確に宣伝されるか遠回しに示される投資価値から引き出しています。そして、あらゆる商品説明の中に、買い手に対する魅力とその結果としての市場価格を高めるという約束が謳われています（大小の印刷物や少なくとも文章の中に）。こうした商品の中には、主として純粋な消費の喜びのための商品や、あるいはそのためだけに購入されそうな商品も含まれています。消費は、個人の「社会的価値」や自尊心と大きな関係があるものに対する投資なのです。

消費者から構成される社会における重要な目的、おそらく消費のもっとも重要な目的は、（たとえ詳細に説明されることはめったになく、あまり公の場で議論されることがなくても）需要や欲求や不足を満たすことよりも、消費者を商品化したり、再商品化したりすることです。ようするに、消費者の地位を販売可能な商品の地位に引き上げることなのです。消費テストに合格することが、作り直されて市場の外観を取るようになった社会に参入する必須条件であるのは、結局そのためです。このテストに合格することは、「消費者社会（society of consumers）」と呼ばれる関係の網の目の中で編まれ、編み込まれるすべての構築的な関係の非構築的な前提条件といえます。例外を許さず、拒むことも容認せず、売り手と買い手のやり取りの集合体を一つの想像される全体とするのが、その前提条件です。あるいはもっと正確に言うと、それが、その集合体を「社会」と呼ばれる全体性――それらに「需要を作る」能力や、アクターをそれらに従わせる能力が付与される全体――として経験できるようにし、エミール・デュルケム（一八五八―一九一七）の「社会的事実」の地位を可能にするのです。

　繰り返しましょう。つまり、消費者社会の成員は自らも消費財であって、その成員は自らの消費財としての品質によって、消費者社会の真の成員になるのです。販売可能な商品になること、そして商品のままでいることが、明確に表明されている場合はいうまでもなく、たとえ表明されず意識されることがなくても、消費者の関心事の中でもっとも強力な目標です。消費財の魅力、すなわち消費行動を促す現在あるいは未来の欲望の対象の魅力は、消費者が自らの市場価値を高めようとする力によって評価されます。「自らを販売可能な商品にすること」はＤＩＹ的な仕事であり、個人の義務です。次のことを銘記しておきましょう。つまり、何かになるだけでなく、「自らを作り上げる」ことが課題であり、任務なのです。

消費者社会の成員であることは非常に困難であり、終わりのない闘いです。順応できないことへの不安は、不適格とされることへの不安に押しのけられていますが、かといってそれが忘れられているわけではありません。消費市場はそうした不安につけ込もうとし、さらに、消費財を作り出す各企業は、そうした闘いに勝とうと絶え間ない努力を重ねる顧客のもっとも信頼のおけるガイドと支援者の地位を競い合っています。企業は個人が実施する「自己製造」に必要な「ツール（道具）」を提供します。企業が、個人が意思決定を行なう際に使用する「ツール」として提示する商品は、本当のところ、事前に下されている決定です。それらの商品は、個人が決定を下す義務（チャンスとして提示される）に直面するかなり前から出来上がっていました。個人に目的の選択を可能にするそれらのツールのことを考えるのはばかげています。それらのツールは抵抗しがたい「必然性」を具体化したものであり、それは以前と同じく今でも、人々が自由になるために学び、従い、従うことを学ばねばならないものだからです……。

フェイスブックの驚くべき成功の秘密は、それが、味気ない必然性とうきうきするような選択の自由が出会う場になっているからではないでしょうか？

**ライアン**　先ほど、若者の社会関係の電子化という点で、イギリスは韓国などの国に遅れを取っていると指摘されましたね。もちろん、イギリスよりも韓国などの方がモバイル・メディアとサイワールド(フェイスブックの韓国版)の浸透が進んでいるのは確かですが、イギリスがそれにキャッチアップできない理由があるのでしょうか? 私は一つも思い当たりません。ただし、「キャッチアップ」はこうした状況を表す最良の言葉ではないかもしれません。というのも、私たちは、本当は相当異なる現象について語っているからです。サイワールドとフェイスブックは別物です。歴史と文化のダイナミズムが違うからです。

しかし、いずれにしろ、難しい問題があります。社会学は今やデジタルなものをやむをえず受け入れるか、それとも、こうした重要な文化的活動の全貌を調査して理論化するのを避けるか、判断を迫られています。まずは、技術への依存という単純な事実を、それ相応の社会的説明の中に盛り込まねばなりません。非常に多くの関係が部分的もしくは完全にオンラインで行なわれているため、フェイスブックとそれに類するものを抜きにした社会学は適切ではなくなっています。古い世代がどう考えようと、フェイスブックは急速にコミュニケーションの、フェイスブック自身の正しい呼び方では「コネクティング(結びつき)」の基本手段となっており、今では多くの人々の日常生活の一こまとなっています。

たとえば、ダニエル・ミラーは最近の著作『フェイスブックからの話 *Tales from Facebook*』(二〇一一)の中で、このデジタルメディアが社会生活とどれほど深く結びついているかを明らかにしています。カップルはフェイスブックを見ながら、自分たちの「関係の状態」が今までどおりか、それとも他人のマウスのクリックによって変化していないか確認できます。ミラーの話では、これらのカップルは、フェイスブックを使い続けながらも、それが破談を促していると非難しているようです。このレベルでも軽度の監視の側面があり、カップルは競争に目を凝らしながら、画面上の信頼できる諜報活動のようなものに基づいて、自分たちの活動を行なっているのです。

このように、社会学はデジタルなものを扱わねばなりません。しかし、電子的なメディアが急速に新現象となっていることに注目することや、さまざまなレベルや強度でこれらのニューメディアを「計算に入れなければ」ならないと指摘することと、そうしたメディアの内部的な意味に批判的に取り組み、批判的な視点を提示することは別問題です。ニューメディアによって育まれるか、あるいは少なくとも促進されそうな短命で断片的な関係に対する懸念をあなたは隠そうとしていませんね。

もちろん、それはあなただけではありません。一九八〇年代にいわゆる「第二の自我 The Second Self」を開発するために新たな電子メディアの実験的な可能性に賛同していたシェリー・タークルは、一九九〇年代半ばに著した『接続された心――インターネット時代のアイデンティティ』（原題：*Life on the Screen*）でもこれに惹かれていましたが、二〇一一年の『アローン・トゥギャザー *Alone Together*』になるとトーンが変わっています。彼女が述べているように、「今日、関係の不安定さと親密さへの不安のさなかにある私たちは、関係の中に収まると同時に、そうした状況から自分を守る方法として、テクノロジーに期待をかけている」[*29]のです。彼女のキャッチフレーズは、私たちはテクノロジーに多くを期待しても、お互い同士にはそれほど期待しないというものです。

社会学は批判的である運命を背負っており、現実に起こっていることを分析しなければならない、というあなたの意見には賛成です。シェリー・タークルの見解は、以前明らかにされたものよりも、はるかに批判的になっています。しかし、私たちがニューメディアの持つ監視の側面について考えると、社会学者がデジタルな関係性をどう処理するかをめぐるこれらの問題に別なひねりが加わります。デジタル以前の関係がなぜか監視を免れていたというよりもむしろ、今やデジタルなものが媒介する関係の中に独特な種類の監視が日常的に埋め込まれているのです。このことは、日常のソーシャルメディアのストーカー行為（今や日常的に、非難されることもなく行われている）から、同じく各種の関係に影響を及ぼすマーケティングやその他の行政的な監視に至るまで、いくつかのレベルに当てはまります。[*30]

そこで私の質問は、デジタルなものに媒介された関係が常にそうした技術的な現実によって損なわれてしまうものなのか、損なわれるとすれば、どの程度損なわれるのか、あるいはデジタルなものは社会的なものを支えられるのか、ということと関連があります。それは私自身の研究ともきわめて深く関わっています。なぜなら、私は常々、今日の監視にまつわる一つの重要な問題は、急速に配慮《ケア》への関心を閉め出して、統制にばかり焦点を当てている点にあると主張しているからです。電子的な技術が官僚制的な監視のもっとも問題のある側面を増幅しすぎるがゆえに、私たちは、すべての新たな監視は社会的なものに対する侵食であると結論すべきでしょうか？

それとも、（そして後にさらに議論することになる）、責任ある、配慮《ケア》するようなデジタルな監視は可能なのでしょうか？

**バウマン**　こうした問題を提起されるのはまったく正しいと思います。私たちの生活は（旧世代から新世代に移行するにつれて）「オンライン」「オフライン」の二つの世界に分かれており、後戻りできないほど二極化しています。しかし、私たちの生活が互いに実質的な内容や手順を持つ二つの世界に広がっているにもかかわらず、それぞれの領域を行き来する際、それらの境界の交差点でその意味論的な変化に気づかず、同じ言葉を使ってしまう傾向があります。したがって、相互浸透は避けられず、一方の世界で獲得した経験を他方の世界の評価の指針に仕立て直さざるをえません。一方の世界でその制度が果たしている役割に言及しなければ、もう一方の世界ですごした生活を正確に説明することはできず、その意味を把握することもできず、その論理やダイナミクスを理解することもできません。事実上、現在の生活のプロセスに関わるすべての概念が必然的にそうした二極化の様相を帯びます。

前に言及したホセ・ローズは、まるで、あなたの（そして、私のとも付け加えましょう）懸念に駆り立てられたかのように、次のように述べています。

私は最近、フェイスブックの友人たちに次の質問を投げかけてみた。「ツイッター、フェイスブック、フォースクエア（位置情報を基にしたソーシャル・ネットワーキング・サービスの一つ）……。これらは他人を身近に感じさせますか、それとも遠く感じさせますか？」と。この質問は多くの反響を呼び、私たちの世代の急所に触れたかのようだった。インターネットとソーシャルメディアは私たちにどんな影響を及ぼすのだろうか？　一見、デジタルな交流は冷たくて非人間的に見える。それを否定する根拠はない。明らかに、誰かをハグすることと誰かを「ポークする（つっつく）こと」のどちらを選ぶかと問われれば、どちらが心地よいかは明白である。私のフェイスブックに関する質問の回答は、私の友人のジェイスンの答えに要約されているように思われる。彼は「遠く隔たっている人々とより近くなる」と述べ、さらにその直後に「しかし、非常に近い人からは遠くなるかもしれない」と記している。そして、「私は混乱している。私たちは今やこのパラドックスのさなかを生きている」と付け加えている。確かに混乱がみられる。すなわち、私たちはこうしたパラドックスの中を、二つの一見対立する現実が隣り合わせている場所に生きている。ソーシャルメディアは私たちを近づけると同時に遠ざけているのだ。

明らかに、ローズは明確な証言を行なうことには慎重です（実際、オフラインの「近さ」を手放して巨大なオンラインの多様性を取るような、そうした重大で危険な取引の場合はそうであるべきなのでしょう）。手放した「近さ」はより満足のいくものだったと思われますが、時間とエネルギーを費やすものであり、リスクにつきまとわれていたのでしょう。引き換えに得た「近さ」は明らかにより迅速で、ほとんど労力を要せず、ほとんどリスクを伴わないものですが、完全に成熟した付き合いに対する渇きを癒すことは不可能であると、多くの人が感じています。人々は何かを得る代わりに、他の何かを失うのです。そして、得たもので失ったものを埋め合せられるかどうか判断するのは困難です。その上、一回限りの判断によって選択したものが、獲得した「近さ」と同じくらい不安定で暫定的なものだと分かるはずもありません。

人々が得るものはネットワークであって「コミュニティ」ではありません。早晩判明するように（もちろん、「コミュニティ」がそもそも何なのかを考えないか理解できなければ、ネットワークをつなぎ合わせて、ばらばらにすることだけに忙殺されるでしょう）、それらはまったく違うわけでも同じわけでもありません。コミュニティへの帰属にはより大きな制約と義務が伴うことも確かですが、ネットワークを持つよりもはるかに安全で信頼がおけます。コミュニティは人々をしっかりと見張るので、巧妙に方向転換を図ろうとする余地などほとんど与えません（締め出されたり、追放されたりする可能性はあっても、自分の意志で退去することは許されません）。ところが、ネットワークはというと、その規則に従っているかどうかについては、（ネットワークには従うべき規則がない場合が多いですが、仮にあったとしても）ほとんどあるいはまったく無頓着であり、死のうが生きようがおかまいなしであり、退去しようとしても罰せられることはありません。人はコミュニティを「必要な友人であり、したがって本当の友人である」と当てにすることができます。しかし、ネットワークはもっぱら楽しみを分かち合うために存在し、その共通の「関心の焦点」とは関係のないトラブルが起きたとき助けに来てくれるかどうか、ほとんどテストされたことがなく、テストが行なわれても合格しそうにありません。全体として、これは安全（セキュリティ）をとるか自由をとるかの二者択一です。両方とも必要ですが、少なくとも一方を犠牲にすることなく、もう一方を手にすることはできません。一方を手にすればもう一方は手放すしかないのです。安全に関しては、旧来のコミュニティがネットワークに圧勝しますが、自由となると話は別です（結局、「削除」キーを押してメッセージを受け取らなければ、干渉されなくなるのですから）。

その上、ローズも述べているように、誰かを「ハグすること」と誰かを「ポークすること」の間、言い換えれば、ネットワークを介さない「近さ」とオンライン上の「近さ」、深い関係と浅い関係、根本的な関係と表面的な関係、暖かい関係とクールな関係、心の底からの関係とうわべだけの関係の間には、非常に大きな違い、本当に深くて果てしない違いがあります。人は選んで、おそらくは選び続け、ほとんど選ぶことを避けられませんが、自分が何を選んでいるのか知ることを選択した方がいいでしょうし、自分の選択の代償を払う準備をした方がいいでしょう。これが少なくともローズが言いたいことであり、彼のアドバイスと私の考えの間に何の食い違いもありません。まさしくあなたが引用された一節の中でシェリー・タークルも気づいているように、「今日、関係の不安定さと親密さへの不安のさなかにある私たちは、関係の中に収まると同時に、そうした状況から自分を守る方法として、テクノロジーに期待をかけている」のです。

それでは、フェイスブックのユーザーが「友人」と呼ぶ名前や写真は親密なものでしょうか、それともよそよそしいものでしょうか？　フェイスブックのある献身的な「アクティヴユーザー」

は最近、一日に五〇〇人もの新しい友人を作ったと豪語しました。それは、私が八六年に及ぶ生涯で作った友人よりも多い数です。しかし、オックスフォード大学の進化人類学者のロビン・ダンバーは「私たちの心は、［進化によって］あまり多くの人々と交際するようには設計されていない」と主張しています。ダンバーは実際にその数を計算しています。そして「ほとんどの人は一五〇人程度の人としか意味のある関係を築けない」と指摘しました。彼はその（生物学的）進化によって課せられた限界を「ダンバー数」と呼んでいます。これは、私たちが論評するように、私たちの遠い祖先が生物学的進化によって到達し、そこで止まるか、少なくとも急減速した地点であり、その非常に機敏で巧みで、資源に富んでいて、こらえ性のない後継者にその遺産として残す、「文化的進化」（すなわち、遺伝子配列の変化ではなく、教授や学習のプロセスを通じて、人間自身が引き金を引き、形作り、駆り立てた進化）と呼ばれるものです。

一五〇人はおそらく一緒に集まって定住し、協力しあいながら、狩猟や採集によってかろうじて生活できる最大数だったと言えるでしょう。原初の人間集団の規模は、キバやかぎ爪以外の力や（もちろん！）道具を使わなければ、その魔法の数字を超えることはできませんでした。「文化」と呼ばれるその他の力や道具がなければ、もっと大きな数に近づくことなど不可能であり、それ以上の数を「念頭に置く」能力も必要なかったでしょう。感覚で接近できる以上の大きな全体を「想像する」ことなど思いもよらないことだったがゆえに、それ以上の数は求められなかったのです。私たちの頭は五感が把握する機会のないものまで蓄えておく必要はないのです……。文化の到来は、「ダンバー数」を超えることと一致する運命にあったのでしょうか？　その数を超えることは、「自然限界」から逸脱する最初の行為だったのでしょうか？　その限界からの逸脱（「自然」あるいは自ら設定したものを問わず）が文化的に規定された特徴であり、その存在様式だったと仮定すると、これもまた文化の誕生の行為だったと言えるのでしょうか？[31]

電子的に維持される「友人関係のネットワーク」は、遺伝によって設定された私たちの社交範囲の限界を突破することを約束しました。ところが、ダンバーによれば、その約束は結局叶えられず、今後も叶えられることはないそうです。その約束は果たされない運命にあるのです。二〇一〇年の一二月二五日づけの『ニューヨークタイムズ』でダンバーは、「もちろん、フェイスブックで五〇〇人、一〇〇〇人、五〇〇〇人の「友人を作る」ことはできるが、中核をなす一五〇人以外は他人の日常生活に関心を持つ単なるのぞき魔にすぎない」と述べています。フェイスブックの数千人の友人の中で「意味ある関係」は、電子的に媒介された関係、ネットワークを介さない関係を問わず、「ダンバー数」の範囲内に収まります。フェイスブックやそれに類するもの、すなわち、「ソーシャルな」ウェブサイトがもたらす本当のサービスは、非常に移動性が高くて、すみやかな移動が行われ、急速に変化する世界という文脈の中で、一定した中核となる友人を維持することです。

私たちの遠い祖先はそうした状態をさほど苦にしませんでした。彼らは、そのもっとも近い人々や最愛の人々と同じく、ゆりかごから墓場まで、同じ場所で隣合って、互いの目の届く範囲内で居住する傾向がありました。このような長期の「地理的な」基礎に立った生涯に渡る絆は今では生まれそうもなく、ときの流れの侵食を免れないものであり、個人の生活史の変化と同じくらい脆弱なものです。幸いにも私たちは今や完全にまた本当の意味で「領域を超え」た結果、身体的な近接度や交際頻度の影響を受けないものと「連絡を保つ」方法を手にしています。「フェイスブックその他のソーシャル・ネットワークサイト」によって初めて「私たちは、さもなければ急速に消えてしまう友人関係を維持することができる」とダンバーは指摘しています。しかし、それがもたらすメリットはそれにとどまりません。「それによって、私たちは自分たちのネットワークを再統合することができるようになったおかげで、いくつかのまとまりのない友人の部分集合を持つのではなく、ヴァーチャルな形であるにせよ、すべての人々が知り合いである古い牧歌的なコミュニティを再建できる」のです（傍点は筆者）。いずれにせよ、友人関係について、ダンバーは、それほど多くの言葉を費やしているわけではないにせよ、マーシャル・マクルーハン（一九一一―八〇）の「メディアはメッセージである」とする考え方は否定されると指摘しています。ただし、マクルーハンのもう一つの記憶に残る言葉である「グローバル・ヴィレッジ」の到来は、ヴァーチャルな形であるにせよ、実現しています。

「ソーシャル・ネットワーキング」サイトの比類ない人気を不動のものにし、保証し、その主な提供者であるマーク・エリオット・ザッカーバーグをにわか成金に押し上げたのは、まさしくこうした能力だったと考えられます。簡便さや便利さや快適さに対する近代の衝動を解き放って、これまでかたくなに独立を保っていた人間の絆の地に最終的に到達し、征服し、植民地化したのが、その能力だったのです。それはこの地をリスクのない状態にするか、あるいは、かつて望ましいとされたものの長期滞在を不可能かほとんど不可能にしました。それは、損失を削ってコストがかからないか、ほとんどかからない状態にしたのです。全体としてそれは円を四角にし、両立しがたいものを両立させるという偉業を達成しました。つまり、それは、相互関係の構築という作業を結びつけていた糸を真新しいものに替えることで、これまで人間の一体性というかぐわしい香油を損なっていた断ち切りがたさという醜いハエを追い払ったのです。

**ライアン**　あなたのおっしゃることには大変共感を覚えます。しかし、私は自分がフェイスブック世代でないことをよく自覚しています。私は新たな文化の中で自分の方法を学ばねばならないデジタル移民であって、フェイスブックが当然のもので、他人との結びつきに欠かせない方法である、デジタル・ネイティヴではありません。もちろん、私たちはフェイスブックのユーザーがどう商品化されるか知ることができるし、私たちの理解する「友人」という言葉を千人の人々に当てはめるのは不適切であること、さらにフェイスブックは、監視のツールとして、人々から使用可能なデータを引き出すだけでなく、それらの人々に自分たちを「友人」と認定させることで、彼らに最初の選別を行わせることも知っています。監視との共謀についても語り合いましょう！ただし、人々がどのようにしてフェイスブックによって使用されているのか、そして、自分たちがフェイスブックを着実かつ熱情的に、そして中毒的に使用しているのを忘れてしまうのかを知るのは非常に簡単なことですが。

監視研究においては、フェイスブックのユーザー（やこうした事柄に関わる人々を）を簡単に文化的なお先棒かつぎとみなしてしまいがちです。ソーシャルメディアのファンは自分たちがポストやメッセージ、写真、アップデート（近況）、「いいね！」、ポーク（つっつくの意味、軽いあいさつ）で結びつくことにメリットを見出しますが、同時に、それらのデータの痕跡によって自分たちが追跡され、捕らえられるという事態の重大さの方が、彼らの楽しみを完全に上回っています。そこで、この点に関して、私が適切と考える次の二、三の質問にコメントいただけないでしょうか？

最初の質問は、ソーシャルメディアの人気をどう説明するか、ということです。短期間の関係、「追って通知するまで」の関わり、さらには高レベルの移動性とスピードを特徴とするリキッド・モダンの世界において、ソーシャルメディアは（どれほど不十分であろうと）ギャップを埋められるでしょうか？　誰もが知り合いである村落の対面的なコミュニティは理想化された歴史小説の常套場面か、あるいは一部の人にとっては閉所恐怖症的な記憶です。しかし、どれほどもろいものであっても、友人を見つけたり、人間的な結びつきを作ろうとしたりする誘惑は依然として強力であり、おそらく「コミュニティ」の喪失を感じている人々によって駆り立てられているものと思われます。

第二の質問は次のようなものです。一般の人々がソーシャルメディアを自らの目的のために積極的に活用しているうちに、それらの目的が、それらを活用していると思われる企業や政府と対立した場合、いったい何が起こるのでしょうか？　次のような例を考えてみましょう。おいしいものを食べたという体験談を載せてもらおうとハッシュタグを使用するマクドナルドのツイッター・キャンペーンも、不満のある客がそれを使って食中毒のことやサービスの悪さに苦情を訴えると裏目に出てしまいます。[*32]　フェイスブックとそのユーザーが紛争を抱えているという場合、それらは必ずと言っていいほど個人情報の活用法をめぐるものです。ビーコン〔目印〕やタイムライン〔自分史〕などいくつかの新しい呼び物もユーザーの怒りに火をつけており、消化技術にたけたフェイスブックの消防士に挑戦状をつきつけています。その一方、ソーシャルメディアは二〇一一年に起きた「アラブの春」やウォール街占拠運動など、数多くの抗議活動や民主化運動の中で華々しく活用されました。これによって当局が抗議活動への参加者を追跡し続けられるようになったことも事実ですが、それでソーシャルメディアの社会的な組織化に対する有効性は帳消しになってしまうのでしょうか？

　これが簡単な質問でないことは承知していますし、あなたもすでに、ソーシャルメディアがネットワークを生み出す能力に秀でていると指摘されています。ネットワークは弱い結びつきを特徴としており、参加を促したり、新たな発想や情報を生じさせるのが得意であり、たとえば、マクドナルドを当惑させたりしています。しかし、それは粘り強さや自己犠牲やリスクテイキングを促す強力な絆を基礎にした関係とは異なるものではないでしょうか？[*33]　ただし、少なくとも、「アラブの春」が起きた一部の国でも、これらの強力な絆を持つコミットメントが見られたようですが。

**バウマン**　あなたがおっしゃっていることは、一本のナイフはパンを切るためにも喉を切るためにも使用できるということですね……。その指摘はまったく正しいと思います。しかし、いわゆるオンライン・コネクション／ディスコネクションや、インテグレーション／セパレーションと呼ばれる特殊なナイフはさまざまなパンや喉を切ることができますが、私が主に念頭に置いているのは、とりわけ、「メディアはメッセージである」効果のようなケースで、そうした特殊なナイフが用いられる、個人間のやりとりや個人間の絆の内容の方なのです。

オンラインを介して営まれるセックスの持つ多義性を手短に取り上げてみたいと思います。そのためにも、デートと「性的関係」のコンピュータ化によって、セックスは「今や昔より混乱を来している」と述べている、才気あふれるジャン＝クラウド・カウフマンの見解に注目してみましょう。カウフマンの言葉は核心を突いています。彼は次のように語っています。

ロマンチックな理想によれば、すべては感情で始まり、やがてそれが欲望へと発展していくものだった。愛情は（結婚を媒介として）セックスと結びついた。だが、今やわれわれは二つのまったく異なる選択肢を持っているようである。すなわち、レジャーと割り切って楽しげにセックスにふけるか、それとも長期の関わり合いを選ぶかである。最初の選択肢は、関わり合いを避けるのに何よりも重要なのは自己制御だということを意味している。すなわち、私たちは（過度な）恋愛感情を抱かないよう用心するのである……セックスと感情を分ける線はしだいに曖昧になりつつある。*34

カウフマンはこうしたもつれた状況を解きほぐそうとあらゆる努力を傾けたものの、ゴルディオスの結び目〔リディアのゴルディオス王が結んだ複雑な縄の結び目のことで、難題や難問の意味〕のような抵抗にあい、結局解きほぐせませんでした。

カウフマンが指摘しているこれらの二つの選択肢は、二つの対立する「個人性」のモデルに対応しています。その結果、両方に従うことを迫られている今日の個人は、対立する二つの方向に引き裂かれそうになります。一方には、個人は常に合理的な利害に基づいて行動すると想定する「経済モデル」があります。それに代わるモデルが愛情に基づくものであり、このモデルによって、個人は利己主義的な自我を放棄して、他人のために尽くすことができます（しかし、私が思うに、この愛情についての説明は完全に正しいとはいえません。つまり、「経済」モデルと「愛情」モデルは確かに激しく対立しあっていますが、利己主義対利他主義という形で対立しているわけではありません。むしろ、「経済」モデルが利己主義と利他主義、すなわち「自らによいこと」と「他の人々によいこと」という対立する役を割り振っているのであり、もう一方の、「愛情」モデルでは、二つの対立物や敵対物が混ざりあい、合体し、溶け合っており、そして互いに離れがたくなっているか、もしくは区別できなくなっています）。

最初の選択肢は「消費主義幻想」に基づいて解釈されます。すなわち、それは私たちに、まるで大型スーパーでヨーグルトを選ぶように、男性（あるいは女性）を選べると信じ込ませる。だが、それは愛情の働き方ではない。愛情は消費主義には還元できないし、おそらくこれは望ましいことであろう。一人の男性とヨーグルトの違いは、一人の女性が一人の男性を自分の生活圏に引き入れた場合、すべてが同じ状態に保たれるとは考えられないことである。

しかし、「消費主義幻想」のモードは、

あらゆる物事を非常に安全に感じさせる。彼女は一度クリックすればログインすることができ、もう一度クリックすればログオフできる……マウスを手にした彼女は、自分が社会的なアクセスを完璧かつ絶対的にコントロールしていると想像する……通常の障害はすべて消えてしまっているように思え、無限の可能性の世界が開ける……ネット上の女性はスイーツを売る店で野放しにされた子供のような状態になる。

すべてがこぎれいで安全で申し分なさそうに見えます。ここに問題がなければの話ですが。すなわち、感情が高まってきて愛情が芽生え、判断を混乱させるようなことがなければ……。

カウフマンは、ところどころで、そうした混乱の責任を、すべての人々が手にしているマウスの持つ、人をまどわすような従順さとコンピュータ革命に負わせようとしています。しかし、彼は問題の根っこが、現在の社会がその成員に課している、非常に深い存在のディレンマにあることにも気づいています。最後にカウフマンは正しいポイントを指摘しています。「社会は喜びの追求にとり憑かれ、冒険への嗜好を持っており、新しいより強力な感覚に関心を抱いている。しかし、それには、私たちにリスクを取るのを避け、遠くに行き過ぎないよう促す、安定性や再保証も必要である。現在の展開が矛盾に満ちているように見えるのはこのためである」と。さて、コメントしてみましょう。それらは矛盾してい
ます。自由に対する欲求や冒険に対する欲求とそれらの欲求をそれぞれ叶えても、その両方を同時に叶えることはない社会的に提供されるツールや戦略と同じくらい矛盾しています。

私たちはみなダブルバインド（二重拘束）の状態に置かれており、明確な出口もなければリスクのない出口もない状態にあって混乱を来しています。まず安全《セキュリティ》を選ぼうとすれば、新しい性的な自由が提供するのを約束し、約束してくれそうな、たくさんの夢のような経験を断念しなければなりません。しかし、自由を選ぼうとすれば、不安定な沼地や流砂の中をつまずきながら歩く際に手を握る必要があるパートナーのことは忘れなければなりません。これらの二つの解決策の間に、大きく開いていて中身があふれ出そうなパンドラの箱があります！　インターネット・デートにつきものの災いは、私たちがそのメリットと考えがちなものと同じ源泉から生じる、とカウフマンは明確に指摘しています。それは、「本当は何も予定されておらず、［そして］何が起こっ

ているのか誰も分からない、中間的なゾーン」から生じます。言い換えれば、それは、そこで何かが起こっているかもしれないのに、（どんな小さなものでも）確信や信頼や自信を尺度にして測ると何も起こっていない、空間から生じているのです。

コンピュータはそうした状況を生み出しているわけではありません（ダイビングやファゾミング（測深）ではなく「サーフィング」の批判者がほのめかしているのとは反対に）。コンピュータはその輝かしい経歴を持つ電光石火のスピードによって、そのユーザーに、彼らが常に望んでいながら適切な道具がないためにまだ果たせなかったことを行なう、よりよい機会を提供しているのです。かといって、コンピュータは、卑屈な態度の熱狂的な人々が断言するような、救済者ではありません。この混乱は、私たちが構築する一方で、私たち自身がそれによって構築されている社会が、私たちの抱える存在の苦境にどう取り組み、どう対処しているかに由来しているのです。そして、その混乱から自らを救い出すためには（それを考えるのが可能ならば）、道具を変える以上のことが必要です（道具を変えて、家内工業のような方法や大流行の最先端技術を用いても、結局、現状を後押しするだけです）。

ツイッターとブログが街頭や公共の広場に人々を集めている現象は、もう一つの同じような曖昧さの顕れです。ようするにそれは、フェイスブックやツイッター上で事前に練習したものを現実の場に移して行なっているだけなのです。そこでは、ウェブ上で実践していたときの好ましい特徴である、未来を抵当に入れずに現在を楽しむ能力、すなわち、義務を伴わない権利が失われることがありません。

この一緒にいることのわくわくする、酔わせるような経験を連帯と呼ぶのは時期尚早かもしれませんが、すでに起こっているこうした変化は、もはや一人ではないことを意味しています。そしてそれは、「solitary（孤独な）」という不愉快な言葉の「t」を「d」に代えるだけで「solidary（連帯の）となる」ように、ほとんど努力もせずに達成できるのです。それはオンデマンドな連帯、つまりは需要が続く限りの（長くは続かない）連帯であり、選ばれた目標を共有する連帯というよりも、一つの目標を掲げた連帯です。一つの目的を持った私とあなた、残りのすべての私たち（「私たち」、すなわち、その広場の人々）、そして一つの意味を持った生活というわけです。

数カ月前、ニューヨークのウォール街の周辺にテントを張った徹夜の若者たちが、ポーランドの伝説的な「連帯運動」の伝説的なリーダー、レフ・ワレサ氏に招待状を送りました。「連帯運動」とは、自分たちの要求が満たされるまで造船所や鉱山や工場にとどまり続けた、造船所の労働者や炭鉱労働者、工場労働者の運動のことであり、それがソ連崩壊の口火となったことで有名ですね。マンハッタンの街頭や広場に集まった若者たちは、その手紙の中で、自分たちが、「アメリカ経済に道徳性を回復したい」という希望だけでまとまった、多様な経歴や政治的な立場を持つ学生や労働組合員であることを強調しています。それと同時に、自分たち九九％のアメリカ人は一％の人々の強欲ぶりにもはや耐えられないという共通の信念だけでまとまっており、いかなるリーダーも存在しないことを強調しています。この手紙を書いた人物は、ポーランドの「連帯」は、壁や障害物を壊して不可能なものを可能にした例であり、自分たちが見習うべき手本だと語っています。

マドリードの広場で湧き上がった五月一五日の「怒れる人々の運動」に集った若い群衆や年配者、九〇カ国以上の九五一都市のそれに類する人々も、ほとんど同じ言葉を書きつらねました。これらの運動にはいずれもリーダーがおらず、ものごとが現状のまま進むことへの反発の思いだけでまとまった、あらゆる分野や人種、宗教、政治的立場の熱狂的な支持者を引き寄せました。その誰もが粉砕し、破壊すべき障害物や壁を思い描いていました。国によってまちまちかもしれませんが、これらの障害物はいずれも、よりよい社会への道、すなわち人間にとってのより快適な社会や、非人間的なものを許容しない社会へと通じる道を阻んでいると信じられています。それぞれが選んだ障害物を廃棄することによって、抗議に集った人々を一つに束ねているあらゆる苦しみに終止符が打たれるとされています。その束は、全体を動かしているものを倒すために必要なものです。そうした作業が実施され、新しいよりよい社会を築く場が更地にされた後で初めて、どういうものを作るかが問われるはずです。イギリスのことわざにもあるように、「橋を渡る前に、いろいろ考えても始まらないのです」。

破壊後の世界のイメージが漠然としたままで、破壊というただ一つの課題に焦点が向けられているのは、街頭にいる人々の強さと同時に弱さのためです。私たちはすでに、「怒れる人々の運動」が全能の破壊部隊である証拠を山ほど手にしています。しかし、彼らの持つチームを組んで築き上げる能力も際立っています。数カ月前、私たちはみな「アラブの春」の壮観を、息を殺しながら感嘆の思いで見守っていました。私がこれを書いているのは、二〇一一年の一〇月末ですが、私たちは相変わらず、今のところ空しく次の「アラブの春」を待ち望んでいる状態です。

そして、ウォール街は、オンライン世界からのオフライン・ビジターによって「占拠されていること」などほとんど気にも留めませんでした。

# 第２章
# ポスト・パノプティコンとしてのリキッド・サーベイランス

**ライアン**　真剣な監視研究を知らない人には、パノプティコン（一望監視施設）の発想は素晴らしいものに映るようです。監視研究はあるレベルでは監視の作動の仕方をめぐる理論であり、もう一方のレベルでは監視を近代の物語のなかに据える一つの手段です。近代という自己規律社会の登場を理解するカギとなるベンサムのパノプティコン構想に注目したことで知られるフーコーにとって、パノプティコンはその要をなすものです。

しかし、一定期間、監視について研究した人間からみると、パノプティコンに対する当たり障りのない言及は腹立たしいものでしかありません。パノプティコンにあまりにも多くを期待する結果、監視を説明する際には必ずと言っていいほどパノプティコンが引き合いに出されます。その結果、電子パノプティコンやスーパー・パノプティコン、はたまたシノプティコンやポリプティコンなどという言葉に出くわすといった状況です。もうたくさんだ！「この壁を壊そうではないか」[*35]！とケヴィン・ハガティはアドバイスしています。今日、パノプティコンのイメージが持つ有効性には、論理的な限界に加えて歴史的な限界があるからです。

しかし、フーコーがパノプティコンについて刺激的で重要な観察を行なっていることも確かであり、パノプティコンがいくつかの重要な点でモダニティを映し出す鏡であることを示しています。フーコーは規律を、「魂」を管理して行動や動機を変化させるカギだと考えました。彼の見解は完璧であり、人を引きつけるものがあります。「可視的な場に強制的に据えられていて、そのことを自覚している人間（被収容者）は、自ら権力による強制の責任を引き受け、自発的にその権力を自分自身に対して働かせる。そこで彼は、自らが同時に二つの役割を果たす権力関係を自らの中に刻み込み、自らの主体性（従属）の本源となるのである」。[*36] フーコーも語っているように、こうして可視性は一つの罠となりますが、その罠の構築を私たち自身が手助けするのです。このパノプティコンの図式を今日の監視をめぐる考察に当てはめようとする場合、この洞察力だけでも十分参考になるでしょう。私たちがネットワークを活用したり、クレジットカードを使用したり、パスポートを示したり、はたまた政府に支援を申請したりする際、私たちは自らのうちにどう監視の権力を刻印するのでしょうか？

権力関係がどのようにすべての社会関係のあり方を特徴づけているかを考える上でフーコーが助けになることは確かであり、そのことは、人々を統制し、管理しようとする試み（警察や国境管理官の場合のような）があからさままで明白であるケースだけにとどまりません。したがって、たとえば、オスカー・ガンディの『個人情報と権力——統括選別の政治経済学』（原題：*The Panoptic Sort : A Political Economy of Personal Information*）[*37] という著作の中に「パノプティック」というデータベース・マーケティングを通じた消費者監視のことが書かれていても不思議はありません。もちろん、ここでは本来のパノプティコン的な原則が多少形を変えたものになるかもしれませんが（この件についでは後で立ち戻ります）。

しかし、今日、パノプティコンを用いる試みは明らかに逆説的な結果をもたらします。たとえば、ローナ・ローズによる最大限のセキュリティが保たれた「スーパーマックス」刑務所に関する調査は、彼女をして、パノプティコンが「私たちすべてを診断する」という結論に至らせています。[*38] 彼女は、スーパーマックスでの経験がどのようにして一部の被収容者を自傷行為に駆り立てるのか、パノプティコンによる身体の「計算された操作」がどのようにしてその反対物を生み出してしまうのかを明らかにしています。自らの身体を廃棄されたものとして経験するこれらの被収容者は、自らの体で自己主張を行ないます。彼らは可視性を高める行動によって、従順さを生み出すことを目的にした否定的な可視性に抗おうとしているのです。[*39]

他方、オスカー・ガンディの著作や、最近のマーク・アンドレジェヴィックの著作[*40]を読むと、パノプティコンによる選別が消費の文脈でも働いているのが見られます。これは監視という連続体のソフトエンド（穏やかな部分）にあたります。データベース・マーケティングの発想は、狙いとする目標物の思考力を鈍らせて、彼らにいつ自分のほしい物を購入したらいいか数えさせ、そしてもちろん、彼らをさらなる消費へと導くものです。ここでは個人化と商品化は明らかに連動しており、これもまたパノプティコン的な権力だとすれば、それはだまされやすい人をあやし、おびき寄せようとするマーケッターの役割にその片鱗が見られます。しかし、ガンディとアンドレジェヴィックの研究結果からは、こうした技術が日常的に作動していることがうかがわれます。それらは繁栄を謳歌する豊かなマーケティング産業の中で重要な役割を果たしているのです。

したがって、ここには逆説がみられます。すなわち、パノプティコンのスペクトルのシャープエンド（非常に過酷な部分）が、フーコーの「従順な身体」の生産には不利に作用する拒否や抵抗を生み出す可能性があるのに対し、そのソフトエンドは参加者をして、一部の人がほとんど意識していない、驚くべき従順さに誘い込もうとするのです。[*41] こうした逆説は、三つ名前を挙げるならば、身体とテクノロジー、生産的な権力と積極的な抵抗、そしてまなざしの秘匿性あるいは双方向性、という重要な問題を生み出します。しかし、これらは今日、パノプティコン分析がどの程度有益なのかという大きな疑問を抱かせることにもなります。

これがパノプティコンをめぐってあなたに問いかけたい理由です。そもそも、あなたは私よりずっと前からこのテーマについて適切な意見を述べておられ、また、今日のモダニティがどれほど以前の特徴を失ってしまっているかを示す手段として、いくどとなくパノプティコンに対する批判を展開してきました。事実、あなたはパノプティコンを、リキッド・モダニティに「先立つ」時代の物語の一環として用いています。かつてのソリッド（固体的）な世界は溶解して流動化し、規律は新たな空間や制度の中に分散しつつあります。

個別項目に移る前に、次のような直接的で包括的な質問から始めることにしましょう。つまり、リキッド・サーベイランスの到来ははたしてパノプティコンの忘却につながるのでしょうか？

**バウマン**　私自身はケヴィン・ハガティと同じ問題意識は持ち合わせていません……。すでにかなり前から、私はこの種の疑問を耳にしています。偉大な心理学者のゴードン・オールポートも、人文科学の分野の私たちには、いかなる問題も解決できないと警告を発しています。しかし、私たちはいささか食傷気味です。パノプティコンを忘れるようにとの呼びかけは、リキッド・モダンの時代の拡声器やイヤホーンから流れ出るもっともおなじみで、もっとも当てにならないセイレーンの歌になっているのです。

私が思うに、パノプティコンはまだ生き残っていて健在であり、ベンサムやフーコーですら想像できなかった、もしくは想像しなかったような（電子的に高められ、「サイボーグ化された」）力を備えていますが、その一方で、二人がその時代に信じた普遍的なパターンや支配の戦略ではなくなっていることも確かです。パノプティコンはもはやもっとも重要なものでもなければ、非常に一般的なパターンでも戦略でもありません。それは、刑務所や収容所、精神病院、その他、アーヴィング・ゴフマン（一九二二―八二）のいわゆる「全体的施設（total institution）」など、社会の「管理できない」部分へと移行し、そこに限定されています。その作動の仕方は今日見事なまでに記録されており、私が思うに、ロイック・ヴァカンがそれを明確に説明しています。言い換えれば、パノプティコンの実践の場は、負債の部に記録されて役立たずと宣言された人々や、完全にまた本当の意味で「排除されている」人々のいる場所に限定されているのです。そこでは、彼らを有益な仕事に活用するのではなく、彼らの身体の資格剥奪を行なうことが、その設置の論理の背後にある唯一の目的です。

それを考えると、ローナ・ローズの見解もまったく「逆説的」とは思えません。被支配者側の協力は常に支配者から歓迎され、彼らの計算の欠かせない一部となります。パノプティコン技術が無用でまったく利益を生み出さない人々に応用される場合に生じる、焼身自殺や自傷行為などのあらゆる自己破壊行為も、パノプティコン技術のほとんど明確なあるいは暗黙の目的なのです。そうした犠牲者側の協力は、どれほど逆の反応が起きようとも、真剣に眉をひそめられたり、非難されたり、遺憾に思われたりしないのは明らかです！　支配の天才は被支配者に支配者の仕事を肩代わりさせたいと考えるものです。そしてスーパーマックス刑務所の被収容者はそうするようせきたてられます。この種の全体的施設の「全体性」は、被支配者に開かれている唯一の「自己主張」の方法が、支配者が心から望んでいることを自分で行なうことに明確に現れています。前例を示せというなら、アウシュヴィッツの高圧電流の流れる有刺鉄線に飛びついた被収容者の例が挙げられるでしょう。そのときもその後も「計算された操作」がその逆の結果を生むことを誰も指摘しませんでしたが！

エティエンヌ・ラ・ボエティが実在したのかどうか、あるいはミシェル・ド・モンテーニュ（一五三三―九二）が非常に危険で暴露的で反抗的な文書を書いた罪で処罰されるのを逃れようとしたのかどうかは定かでありません（まだ結論は出ていません）。しかし、著者が誰なのかは別にして、

『自発的隷従論 *Discourse of Voluntary Servitude*』という書は、とりわけ、その斬新な発想に深い感銘を受けながらも、不連続性の背後にある連続性を見抜けない人々にとって、依然として一読の価値があります。

その著者が誰であろうと、彼もしくは彼女は、数世紀後のリキッド・モダンの消費者社会で発達をみる戦略を完璧に近いほど予測しました。支配のパターン、管理の哲学やプラグマティックな教訓、社会統制の手段、権力概念（すなわち、確率を操作して、望ましい行為の可能性を高める一方、望ましくない行為の可能性を最低限まで減らすこと）などのすべてが、同じ方向にシフトしているように思えます。つまり、強制から誘惑へ、規範による規制からPRへ、警備から欲望の喚起へと、すべてが移行しているのです。そして目標とする歓迎すべき結果を達成する役割もすべて、上司から部下へ、監督者から監督される者へ、検査官から検査される者へ、要するに管理者から被管理者へと移行しています。

そして、最初のものと密接にからみあったもう一つの流れがあり、それは、ときに著しく機能が衰えたアメとムチのディレンマに要約されているものです。しかし、それは多種多様で重要な転換という形で表れています。なかでも規律や服従、従順、命令順守、決まりきった日課、画一性、選択肢の削減、すなわち、全体としての報酬の追求や処罰の回避のための合理的手段による部下の事前決定から、新しい試みや冒険、実験、自己主張、情緒性、喜びやエンターテインメントの追求へという、成功に向けた努力の面でのあらゆるシフトに表れています。ベンサムは、管理の成功の鍵は、パノプティコンの被収容者の選択肢を必要最低限にとどめて、彼らに単調な仕事や死ぬほどの退屈さ、毎日の薄いおかゆ、飢餓の苦しみを与えることにあると考え、同時代の立派な経営者も、推薦される枠組みに基づいて、個人の特異性の背後に隠れている需要な資源を、嫌悪感を催す無意味な廃棄物やそれに類するものとみなしました。しかし、そうした試みは、人間の気まぐれな感情を抑圧して人間の理性だけに頼ろうとするものであり、今日の精神と歩調を合わせる主導的な経営者ならば、許しがたいほど非合理的と退けることでしょう。

官僚制を近代合理性の完全な具体化とみなしたマックス・ヴェーバー（一八六四―一九二〇）は、官僚制の理念型に近づき、合理性の頂点に上り詰めるために、厳格な指令と報告の階層構造に加えて、獲得して、完成に向けて励むために必要な、目的に沿った人間の活動計画の特徴を列挙しようとしました。ヴェーバーのリストの最初にきたものが、組織の目標に役立つとされるもの以外の、あらゆる個人的な忠誠心やコミットメント、信念、嗜好を排除することでした。企業の定款に明記されていないあらゆる「個人的な」ものは、いわばビルの入り口でクロークにあずけ、「勤務時間」が終わってから回収する必要がありました。今日、チーム・リーダーで部隊の司令官であった経営者が放棄した、もっとも重大な立証責任や結果責任は、個々の実行者の肩にかけられるか、「下請けに出され」たり、「外注され」たり、左右に「分けられ」たりして、上司と部下の関係ではなく、売り手と買い手のパターンにしたがって判断されるようになっており、その目的は従業員の全人格とその起床時間のすべてを企業の目的と結びつけることです。こうした方策は、評判が悪くて費用がかかって、非現実的で限定的で非常に骨の折れたパノプティコン的な措置よりはるかに便利で有益であると、当然のようにみなされています。今日の従業員にとっての隷従は、一日二四時間、週に七日間の監視を伴う、完全にまた本当の意味でＤＩＹ的な仕事になりつつあるのです。パノプティコンの建設や運営、維持はすべての雇用契約に書かれており、雇用主にとっては負債から資産に変わっています。

ようするに、カタツムリが自分の殻を運ぶように、新しいリキッド・モダンの世界の勇ましい従業員は、自分専用のパノプティコンを身につけて運ばなければならないのです。従業員やその他のすべての従属する人々は、自らを良好な状態に保って間断なく業務に励む、完全で無条件の責任を引き受けています（散歩に出かけるときモバイルやiPhoneを家に置いていって、上司の呼びかけに応えられない状態になることは、重大な違反行為です）。消費市場の魅力に誘われ、管理者の消失に伴って手にした新たな自由に驚いた従業員は、提示された仕事に加えて、自己監視の役割を引き受け、ベンサムとフーコーの装置の中にある監視塔を無用の長物にしたのです。

**ライアン**　グローバル・ノースの多数派《マジョリティ》にとって古典的なパノプティコンは（個人的なパノプティコンを装着している場合を除いて）過去のものであると、あなたはおっしゃっているそうですね。古典的なパノプティコンは周辺部、とりわけヴァカンの指摘する、貧しい人々が「のけ者《アウトキャスト》」にされている都市部にだけ、かろうじて残っています。そして私は、パノプティコンに似た何か不可解なものがまだそうした場所に潜んでいるという意見にもまったく同感です。ヴァカンの「社会的パノプティコン」は、恵まれない人々の福利促進プログラムを装っていますが、本当のところ彼らに「今までよりずっと正確で浸透した形の懲罰的な監視」[*42]を甘受させようとするものです。この種の見解はジョン・ギリオムの『貧者の監視者 *Overseers of the Poor*』にも明らかであり、その中で、ギリオムは福祉に依存する女性たちがどのようにして、非常に侵襲性の高いコンピュータ支援型の社会福祉事業を受け入れているかを検証しています（しかし、彼女たちは面白いことに、しかし当然のことながら、自分の子供たちのために、そうしたシステムのさまざまな抜け穴を見つけ出しています）。[*43]

さらに広範な分析が必要なもう一つの現代版パノプティコンに向かう前に、もう少しこの道筋をたどってみましょう。パノプティコンは全体的施設やそれに類するものの周辺にまだ見られると、あなたは指摘されていますね。ヴァカンの研究は、グローバル・サウスやノースの荒廃した恵まれない地域の社会的パノプティコンに焦点を合わせていますが、移民志望者や「テロリスト」容疑者、その他の最近の「セキュリティ」体制の支配下にある人など、周縁的な集団にも同じような分析を適用できるとお考えでしょうか？　ディディエ・ビゴ版のパノプティコンは「バノプティコン（ban-opticon）」について議論しており、それはグローバルな周縁部に焦点を当てています。簡単に言うと、ビゴは、プロファイリング技術が、特定の監視下に置くべき人間を決めるためにどう活用されているかを示すために「バノプティコン」という言葉を提唱しています。しかし、この概念は、警察や国境警備官、航空会社など、協力を強めつつある国際的な「不安の管理者」の活動から、どのようにして新たな「グローバル化した」（不）安全が生じているかをめぐる詳細な理論的分析から登場したものです。国境を超えた官僚的な監視・統制体制や企業・政治家はいずれも、今では、遠く離れた場所で監視を通じて人々の移動を取り締まり、統制を行なっています。要約すると、これらの言説や実践、物理的なアーキテクチャや規則は完全に統合された機構《しくみ》、あるいはフーコーのいわゆる「装置《ディスポジティフ》」を形成しています。その結果がグローバルなパノプティコンではなく「バノプティコン」であり、これはアガンベンが開発した、ジャン＝リュック・ナンシーの「バン（禁止）」の発想を、フーコーの「オプティコン（見る）」と結びつけたものです。この装置《ディスポジティフ》は、誰が歓迎され誰が歓迎されていないかを示すと同時に、当該国民国家から排除されるだけでなく、無定形で統合されていないグローバル・パワーの集合体から排除される人々のカテゴリーを生み出します。さらにそれはデータの流れ、とりわけ、映画『マイノリティ・リポート』のように、今後発生しそうなことに関するデータを伝えるためのネットワーク化されたデータベースを使って、ヴァーチャルに作動しています。

ビゴは、むしろあなたと同じように、今日中央集権的なパノプティコンはみられず、かりにその装置《ディスポジティフ》が存在するとしても、それは断片化され、混成的なものだと主張しています。それは国家や企業を通じて作動しており、その他の機関と一緒に、「個々人の国境を超えた動きに焦点を合わせた監視の方式として、情報処理《インフォーマティック》学と生体認証《バイオメトリクス》を強化する方向に収斂している」*44としています。ビゴはこれを、国境を超えた不安全《インセキュリティ》の一形態であって、パノプティコンではまったくないとも述べています。その中でビゴは、各種言説（リスクや脅威のレベル、内部の敵などをめぐる）や各種の制度、建築物（不法入国者一時拘留所から空港の乗客の通路に至る）、法律、行政措置（それぞれが特別な措置のために特定の集団を選び出す）についても分析を加えています。バノプティコン・ダイアグラムの戦略的機能は、マイノリティを「歓迎されざるもの」として浮上させることです。その三つの特徴が、自由な社会の中の例外的な権力であること（緊急事態の常態化）、プロファイリング（今後に予想される行動を理由に、一部の集団を事前に排除すること）、そして（物品や資本、情報、人々の自由な移動に信頼を寄せる）排除されていない集団を標準《ノーマル》とすることです。バノプティコンは国民国家を超えたグローバルな空間で作動するため、国家と社会の間ですら権力の効果と抵抗はほとんど感じとれません。

ビゴは、自分の研究が、あなたのいわゆる「グローバルとローカル」への分断という点をめぐって、あなたと一致していると考えています。ただし、ビゴは、同じ装置《ディスポジティフ》の相互依存戦略の一部を通じて、「グローバルなもの」が標準化され、「移動が責務」となってしまうことを、あなたが過小評価しているのではないかとも考えています。自由な移動に関する言説は多数派《マジョリティ》を標準化（noramalize：規範化）するのです。もちろん、それは成熟したパノプティコンでもなければ実体のないパノプティコンでもありませんが、なぜあなたの「グローバルなもの」が放浪的な生活様式に向かうのか、さらに（付け加えれば）、なぜ彼らはバノプティコンが他の人々にとって必要だと考えるようになるのかを説明するのに役立ちます（おそらく、これらは、多数派がカタツムリの殻のように運んでいるとあなたがおっしゃる「個人的パノプティコン」ではないでしょうか？）。ビゴは、これらのすべてがセキュリティの専門家やその他の人々、彼のいわゆる「不安の管理者」（すなわち、多数派以外の特定の集団を統制し、監視する装置のもっとも近くにいる人々）の活動に頼っているとも指摘しています。

そこで、私の質問は次のようになります。すなわち、フーコー的な装置《ディスポジティフ》の重要性を認めながらも、それを超えてグローバル化の文脈の中で現在の政治経済やテクノロジーに焦点を当てようとしている、こうしたパノプティコンの変種についての理論は、どの程度リキッド・モダンの時代に起こっているものの把握に役立つとお考えでしょうか？　この場合、この種の分析はあなたが追求したいと望んでいるもの（そしてあなたがたとえば、『グローバリゼーション』の中で議論したもの）に近づいているように見えますが、いかがでしょうか？

**バウマン**　ビゴは歓迎されざる移住者に焦点を当てていますが、国境管理施設に設置された監視技術は、「バノプティコン」の一例にすぎません（ところで、私は「バノプティコン」を適切な言葉だと思います。たとえそれが言葉の遊びのようなものであっても）。それは、パノプティコンが行なったような「閉じ込め」の代わりに、「遠ざける」役割を担う監視哲学や監視装置のより一般的な現象の一例であり、パノプティコンのような規律化への衝動からではなく、現在のとめどないセキュリティ懸念の高まりから、その生命の糧やエネルギーを引き出しているのです。ゲイテッド・コミュニティ〔ゲートや塀で囲んで防犯性を強化した高級住宅地〕を取り巻き、ショッピングセンターやスーパーマーケットの駐車場に点在する監視カメラ（ＣＣＴＶ）は、バノプティコン装置のもっとも重要な（もっとも一般的で典型的な）見本だと思います。パノプティコンは、その内部でＤＩＹ監視が「命令」を十分守り、それを再生する、世界の各地への入り口を防御すると同時に、ＤＩＹ監視装置（クレジットカードやBlackberry〔スマートフォンの一種〕など）を持たない、したがって自分でそうした監視を行なえないすべての人々の侵入を阻んでいるのだと私は考えます。それらの人々（もっと適切な言葉では個人のカテゴリー）は、いわば、「防御可能な空間」の行動パターンに従って列に加わろうとする際、「パワーアシスト（電動補助）」してもらわなければなりません。パノプティコン的な装置のもう一つの同じくらい重要な役割は、列に加わりたくないそぶりを示す人間や、そうしたパターンに違反しようとする人間を即座にあぶりだすことです。

言い換えれば、監視技術は今日二つの前線で展開し、二つの正反対の戦略的役割を果たしています。すなわち、一方の前線で閉じ込め（あるいは「囲い込み」）を行い、もう一方の前線では排除（あるいは「締め出し」）を行なっているのです。国外追放者や難民、政治亡命希望者、パンや飲料水を求める人々のグローバルな増大が、両方の監視技術を後押ししているのかもしれません（ビゴもこの点には同意すると思います）。ミシェル・アジェはアフリカや南アメリカに散らばる難民キャンプでの現地調査や、ヨーロッパの「一時拘留所」で「法律にも守られず、権利もない」「政治的亡命要求者」の身分で「不法」や保留状態と規定されている移民を一〇年にわたって調査した結果をまとめています。*45 そしてヴァルター・ベンヤミン（一八九二—一九四〇）の「不運」（彼を自殺に追い込んだフランス・スペイン国境での足止めをハンナ・アーレントはこう呼びました）も、その七〇年後には、特異なものでも「異常な」ものでもなくなっていると結論づけています。すでに一九五〇年には、公式のグローバルな統計で一〇〇万人の難民（主に戦争によって「追放された」人々）が記録されていました。今日、「移動中の人々」の数は控え目に見積って一二〇〇万人ですが、二〇五〇年には一〇億もの難民転じて亡命者が、キャンプというどこでもない場所に落ち着くと予測されています。

もちろん、「移動中」という言葉は、多くのベンヤミンやそれに類する人々に適用される場合には皮肉がこもった表現です。定義によると、「移動」には限定された過程、明確なスタート地点とゴール地点を持った区間が必要です。すなわち、空間的・時間的な「ここ」から「そこへ」の通過、あるいは空間的および時間的な「ここ」から「そこ」に通過することです。しかし、厳密に言うと、これは「難民である」条件を否定するものです。難民はこうした性質を持たないことが特徴であり、そうした条件から引き離され、それがないためにその「基準」に合致しません。「キャンプ」は、旅の途中の停留所でもなければ、格安ホテルでもモーテルでもありません。それは最終的な停留所であり、そこでは地図に掲載されている道路もしだいに少なくなり、すべての動きが停止してしまい、仮出獄が許されたり、最終判決が下されたりする見通しもほとんどありません。つまり、ますます人々はキャンプで生まれて、一生涯、他の場所を訪れずに、そこで亡くなるようになっているのです。キャンプは最終地点を表します。ただし、行き先が最終ということではなく、永久に移動状態にあるということを意味するのです。

権力を持つ者が通常、難民にとどまるよう命じる場所である「一時避難所（transition camp）」という名称もいわば撞着（矛盾）語法です。「一時」とは難民の身分そのものを否定しているからです。「難民キャンプ」と呼ばれる場所を割り当てられることのただ一つの意味は、その他のすべての場所が立ち入り禁止だということです。難民キャンプの内部の人間であることのただ一つの意味は、部外者、異邦人、外国人、その他の世界への侵入者であることであり、自らをバノプティコン的な装置で囲んで、その他の世界に挑戦することです。「追い立てられてしまっている」、すなわち、追放者の条件に留め置かれるためには、難民の身分であり、難民の身分におかれていることが必要です。そしてアジェが繰り返し指摘しているように、それはどこからその避難所に来たかの問題ではなく、どこにも向かう場所がないという問題であり、それが追放者を他の人々から引き離しているものであり、他のどこかに到着することの禁止や現実的な不可能性なのです。引き離されていることが重要なのです。

追放者は国境を超える必要がなく、別の国から到着する必要もありません。彼らは自分の生活が営まれている国で生まれ育った場合がほとんどです。彼らは生地からほとんど移動しなかったかもしれません。アジェには、難民キャンプやホームレスの収容所、都市部のゲットーを壊して、「追放者の回廊」という同一のカテゴリーに収める権利があります。すべてのそうした場所の合法・非合法な居住者には一つの共通した決定的な特徴があります。すなわち、彼らはみな余分な人間だということです。彼らは社会を拒絶し、否定する、要するに廃棄物なのです。「廃棄物」は定義によると「有益なもの」の反対語であり、使用される可能性がないモノという意味です。実際、廃棄物が唯一行なうことといえば、さもなければ有益に使われたであろう場所にしみをつけ、ちらかすことです。パノプティコンの主な目的は、立派な製品から廃棄物を分別し、それにごみチップの印をつけることです。それが始まった後で、パノプティコンがその廃棄物を見張ってそこにとどまらせるのです。できれば、生物分解が終わるまで。

**ライアン**　ありがとうございました。私たちの監視研究が、ときに食い違うことがあっても、おおむね一致していることを示す、啓発的で刺激的なものでした。しかし、この話題を離れる前に、パノプティコン理論のもう一つの欠陥を取り上げてもいいでしょうか？　私たちは次の点で合意していると思います。つまり、バノプティコンはパノプティコンの持つ衝動が歴然と現れる場所であること、そして、この種の分析はグローバル化された世界におけるいささか憂鬱な共通の経験について語っていることです。しかし、監視研究者は、マイノリティである「廃棄物」の文脈ではなく、マジョリティと関連のある少なくとも二つの文脈で、これらの課題に取り組んできました。

私は一方では、オスカー・ガンディが当初「パノプティコン的な振り分け *Panoptic Sort*」というテーマで行なった消費者監視という魅力的な研究のことを考えています。先ほどもこのことに触れましたが、これからこの点をもう少し掘り下げてみたいと思います。この初期の書におけるガンディの議論は、一般的な振り分け装置はデータベース・マーケティングやいわゆる地理的人口統計学の世界に顕著だというものです。市場のマーケッターは、人々をその消費行動に基づいて大まかに分類して、異なった対応がとれるようにしています。一部のフーコー研究者がこれについて議論しているように、ガンディがパノプティコンという概念を使用する理由は、今日、パノプティコンが消費環境でどう「作動している」かを検証するためであり、さらに重要なことは、その注視の下に置かれている人々にパノプティコンの論理がどう影響しているかを示すためです。

私が思うに、ガンディは、パノプティコンの持つ格付け的な側面の分析を、消費者がそれによって処理されるプロセスと結びつけています。[*46] しかし、彼はパノプティコンの振り分けと格付け的な側面についての考えをフーコーから獲得する一方、自らの分析は「個人情報の政治経済学」でもあると、より明確にしています。マーケッターは常に特別な関心を持って魅力的な「機会の標的」となる消費者を選び出しながら、市場を合理化する新たな方法を探し求めています。[*47] 彼らは、他の潜在的な消費者を視界から外しながら、本当に価値のある消費者だけをすくいとろうとします。ここでの振り分けのプロセスは、主として、すでにそのシステムの恩恵を受けていて、今は周縁にいる人々に焦点を合わせています。マーク・アンドレジェヴィックによると、[*48] これは、スマートフォンやＳＵＶ（スポーツ用多目的車）、大型クルーズ船の乗客向きの「ブルジョワ的な移動モニター」です。ここに残っているパノプティコン的な名残はみな（そしてアンドレジェヴィックはそうしたターゲットを、絶えず人目を引く消費者となるために自己規律化するよう促されていると考えています）、こうしたエリート消費者に物品やサービスを効率よく提供するためのものです。

とはいうものの、ガンディの研究（そして、この問題についてはアンドレジェヴィックの仕事）のポイントは、これが「パノプティコン的な振り分け」が持つ否定的で差別的な活動の鏡像に他ならないことを指摘することです。事実、ガンディの継続中の仕事は、パノプティコンそのものにはほとんど関心を払わず、「合理的な差別」[*49]用の統計やソフトウェアのプロセスの方に焦点を当てています。ガンディによれば、『物事を振り分ける *Sorting Things Out*』[*50]でのジェフ・ボーカーとスーザン・レイ・スターの仕事は、ユーザーやクライアント、患者、消費者などがしだいに近代生活の重要な一部になりつつあることを説得力よく論じてはいるものの、そのような振り分けによって影響を受ける集団の行動にさまざまな変化が起きる可能性を説明していないばかりか、明らかにもしていないとのことです。ガンディは、情報経済における「合理的な差別」がしばしば人種的なプロファイリングを基礎にしており、その結果、否定的なレッテルを貼られた人々に累積的な不利益を与えていると主張を続けています。

これは進行中の理論的パノプティコン主義の一例です。他方で、私は、パノプティコンの「少数が多数を監視する」に、今日のマスメディアの「多数が少数を監視する」[*51]を対照させたトマス・マシーセンの適切な新語である「シノプティコン（synopticon）」について、あなたが数度にわたって論じてきたことに触れたいと思います。この言葉は、今日のマスメディアやそれに類するものの中にパノプティコンがどのように見られるかについて考える手がかりを与えてくれます。おそらく、マシーセンのキイポイントは、パノプティコンの影響が今日の社会にどのような形でみられようとも、それらはとりわけ、シノプティコンの効果を高める上で役立つがゆえに、シノプティコン的なものと切り離して理解することはできないだろうということです（私が思うに、これは九・一一後に鮮烈に見られたもので、そのとき炎上する貿易センタービルを繰り返し放映したテレビは、関係当局がうんざりするほど警鐘を鳴らしていた、差し迫った脅威が常在しており、新たなセキュリティや監視手段によってそれを和らげることができるという感覚を伝えるのに一役買いました）。*52

ところで、あなたはご自分のリキッド・モダニティの命題を裏づけるためにマシーセンを引用しておられますが、それには私も同意します。現在の文化的条件を把握するには、マスメディアの役割の理解が欠かせません。しかし、マシーセンがパノプティコン的なものはシノプティコン的なものと一緒に作動していると言おうとしたのは確かですが、後者が前者に取って替わったわけではないのでしょうか？　そこでもう一度、この質問を繰り返したいと思います。パノプティコン的なものは、本当のところ、その存在理由を失ってしまったのではないでしょうか？　それとも、老いさらばえたとはいえ、まだ生き長らえていて健在なのでしょうか？　これにも補足説明があります。アーロン・ドイルは最近（そして正しくも）、マシーセンが使用している「メディア」のモデルはいささか道具的でトップダウン的なものであり、さらに、聴衆がどのようにメディアのメッセージを解読《デコード》して抵抗しているのかについて、ほとんどあるいはまったく語っていないと指摘しています。*53　また（マシーセンはソーシャルメディア以前の段階で書いていたので、この件で彼を非難することはできませんが)、シノプティコンは、マスメディア(テレビ)の視聴者の断片化や今日のデジタルメディアの広範な影響力には無頓着なようです。確かに、「ニューメディア」を含めたメディアは、監視に疑問符を投げかけたり、それを批判したりする場かもしれませんが。

**バウマン** 私の解釈では、マシーセンの「シノプティコン」は前に議論した一種の「DIY型パノプティコン」であり、大きな修正を施したパノプティコン、つまり監視者が不在の状態の監視です。私が見るところ、この新語は、マシーセンによって、経営哲学の中で起こっているはるかに全般的な変容(私自身は近著、『コラテラル・ダメージ――グローバル時代の巻き添え被害』(原題:*Collateral Damage*)の中でこの変化を「経営革命マーク2」と名づけています)が監視に及ぼす影響を把握するために作られたものです。かつて経営者の義務とみなされ、彼らの犠牲や努力によって達成されていたものが、今日では経営の目標に後退しています(あるいは、やっかいで、不都合で、非現実的で、いらだたしい制約を被管理者に課そうとする経営者の熱意をカモフラージュするために使われている、もう一つの言葉を使えば、彼らに「補足」させています。その結果、それまでの受動的な経営活動の負担のシフトが、自立性と自己主張の権利を与える行為、さらには「可能化」や「再主題化」などと表現されているのです)。ここで「経営革命マーク2」をめぐる私の見解の概略をもう一度繰り返させて下さい。[*54]

工業化のプロセスの理想が、事前に設計された通りの動きを繰り返し、その状態を維持する、定常的な機械のパターンに基づいて発想された時代以降、人々を管理することは本来、非常にやっかいな仕事でした。それには細心の綿密で持続的でパノプティコン的な監視が必要であり、管理するものとされるもの双方の創造的な衝動を打ち消すような、単調なルーティンを課す必要がありました。それが退屈の原因となり、常に公然たる衝突につながる恐れのある煮えたぎる怒りを掻き立てました。またそれは「ものごとを仕上げる」上でコストのかかる方法でもありました。すなわち、仕事に従事している被雇用労働者の潜在能力を活かすのではなく、彼らを抑えつけ、働かせ、悪い影響から守るための貴重な資源を必要としたのです。全体として、権力を握る資源に富んだ人々にとって、毎日の管理は大切な仕事ではありませんでした。そのため、彼らはそれに必要以上の時間を割こうとはせず、彼らの自由に使える権力資源を考えあわせても、彼らにその時間を延ばすのを期待できませんでしたし、彼らもそういう行動はとりませんでした。

（カール・ポランニーの印象的な言葉を借りれば）現在の「大転換マーク2」、すなわち、個性という資源全体を活用しようとする、多方面から称賛され、歓迎されている「経験経済」の出現は、まさしく「経営者が管理負担から解放される」瞬間が到来したシグナルです。ただし、起こった事柄や事態は革命というよりはクーデターです。つまり、古いゲームのルールが放棄されて新しいルールが施行されたというトップからの声明です。この革命を開始して最後までやり抜いた人々はまだ指揮をとっており、そして、どちらかといえば、以前よりも安全な状態で自分たちの事務所に収まっています。この革命は経営者の権力を増強するという名目で開始されたものであり、その結果、彼らの支配力は強化され、革命の前に彼らの支配によって生み出されていた怒りや反抗もなくなりました。この第二次経営革命以降、経営者の権力は再強化され、かつてそれと結びついていた制約や不都合な紐がほとんど断ち切られたことで、彼らの立場は非常に磐石なものになっています。

この第二革命の間に、経営者らはルーティンの追求を止めて自発性を促し、現在は空の状態の監督者の部屋を埋めようとしました。彼らは管理することを拒み、代わりに、住民に立ち退きを迫りながら自己管理を要請しました。その結果、住民たちは借地権の延長をめぐって頻繁に競争にさらされることになりました。つまり、競争が終わるたびに、もっとも快活でもっともいい成績をあげたものが次の借地権を獲得するものの、次のテストでも勝ち残れるという保証もなければ見通しもないのです。そして、「経験経済」の宴会場の壁の上の「数えられ、量られ、分けられり」という銘文は、「あなたの能力は直近の成功によって測られる」（それ以前の成功によってではなく）に取って替わられています。主体性や遊び心や実行力を重視する「経験経済」の時代の組織は、長期計画や業績の蓄積を阻む必要があり、それを阻もうとし、実際に阻んでいます。これによってその住民たちは、自分たちがまだ歓迎されているという新たな証拠を懸命に求めながら、常にせわしげに移動を繰り返すのです。

「シノプティコン」は、ありがたいことに、こうした新たな要請に非常によく応えています。シノプティコンがパノプティコンに取って替わったおかげで、被収容者を内部にとどめるために厚い壁を築いたり、監視塔を建てたりする必要がなくなると同時に、割り当てた日課に彼らをつなぎとめるために大勢の管理者を雇う必要もなくなりました（おまけに単調な日課が通常生み出す、爆発寸前の怒りや非協力的な態度を和らげるコストや、隷従の恥辱に対する反乱の芽を摘み取るために継続的な努力を重ねるコストもかからなくなりました）。今では自己規律を期待され、規律を生み出す物質的・心理的コストを負担しているのは、管理規律の対象とされる人々です。彼らは自ら壁を築き、自らの意志でその中にとどまることを期待されています。アメ（あるいはその約束）がムチに取って代わったこと、つまり、誘惑や魅力がかつての規範的な規制機能に取って代わり、欲望を喚起し、高めることが、費用がかさむ上に、異議申し立てを呼び起こす監視に代わったことに伴って、監視塔は（望ましい行動を引き出し、望ましくない行動を除去することを目的とした残りの戦略と同様に）民営化《プライヴァタイズ》される一方、壁の建築を許可する手続きは規制緩和されています。その犠牲者を追いかける代わりに、隷従の機会を追い求めることは今では自発的（ヴォランタリー）な仕事になっています（エティエンヌ・ド・ボエティの造語である「自発的な隷従《ヴォランタリー》が、何世紀もかかってようやく共通の経営目標になったのです」）。ところで、企業の「支出削減」のたびに最初に削られる人間が「中間管理職」（すなわち、かつて一般従業員を監督していた人々）であることにお気づきでしょうか？

DIY、モバイル、携帯が合体した装置、すなわち、一人に一台のミニ・パノプティコンは、もちろん市販されています。それらの器具を選択し、購入して、組み立て、作動させる責任を負うのは、そこへの収容希望者です。個人のシノプティコン化計画が浸透しているかどうかをモニターし、照合や処理を行うには専門家が必要ですが。しかし、彼らの散発的で明らかに自立的な、しかし、シノプティコン的に事前に調整された行動によって「データベース」を生み出すのは、グーグルやフェイスブックの「ユーザー」です。したがって、混乱を避けるために、この文脈で「パノプティコン」という言葉を使うのは控えることにします。問題の専門家たちは、ルーティンを束ねる退屈さを監視する時代遅れの管理者というよりも、非常に変化しやすい欲望のパターンや、それらの不安定な欲望によって駆り立てられる行動の追跡者やストーカーです。あるいはおそらく、「データベース処理」に雇われているエンジニアは、彼らの労働の産物がマーケティングにおけるバノプティコン的なテクニックの有益な必要条件になっているという点で、シノプティコンとパノプティコンの間のどこかに位置しているのかもしれません。したがって、有効なマーケティングには、目標設定に適さない顧客についての知識が必要であると同時に、非常に有望な取り引きの「標的」の下検分が必要だということを考慮しなければなりません。実効性のあるマーケティングには、シノプティコンとバノプティコンの両方が必要です。「データ処理のエンジニア」はこれらの二つをつなぐ通信回路を提供してくれます。

これらの二つのタイプの制度化された監視技術が接触する典型的な例が、寄せられる電話の処理用に開発された企業向けソフトウェアです。このソフトウェアは、電話をかけてくる者を、企業の利益を高めそうな人物か（高めそうもない人物か）どうかを基にして分類し、さまざまな対応の仕方を行ないます。そして有望と分類された人は待たされることなく、即座に決定を下せる上級のオペレーターにつながれます。他方、見込みなしと分類された人は、嫌気が差すほど退屈なメッセージを繰り返され、最初に出たオペレーターにつなぐことを約束されながら、延々と待たされます。そうした扱いやそれが暗に意味する嘲笑を乗り越えて、電話を切るのを拒んでいると、ようやく、電話をかける動機となった問題（通常は苦情）を解決する権限のないオペレーターにつながれるのです。

第 3 章
# 遠隔性、遠隔化、自動化

**ライアン**　二一世紀のテクノロジーの目覚しい発達によって可能になったもっとも顕著な事柄の一つは、距離を隔てて活動する能力が著しく高まったことです。この対話も電子的な媒体によって可能になりました。おかげで、大陸を越えて移動する必要がなくなり、大西洋をはさんだ手紙のやり取りに一〇日もかける必要もなくなっています。メッセージを書いてクリックすれば苦もなく膨大な距離を乗り越え、数時間か数日もすればメールボックスに返事が届きます。もちろん、私はあなたのことを知っているので、次の行を読む際には頭の中であなたの声が聞こえますし、あなたがメールを書いている部屋を知っていて、あなたが今他の仕事を抱えていることも知っているので、それを中断して、ふたたびこの対話に参加しようとしていると想像することもできます。しかし、リキッド・サーベイランスという文脈で、こうした距離を隔てて物事を処理することとは何を意味するのでしょうか？

前に私たちはドローン、すなわち、人間には見えない場所を見つめ、覗き込む、あの機械じかけの「トンボ」について語りました（武装した兵士たちが行けない、あるいは行きたがらない場所で見事に殺人を行う、あの殺し屋の「ビッグカズン」のことは忘れません)。あなたは、空中にあるこれらの目の「心地よさそうな不可視性」について語ると同時に、それを自らの旅程表や時刻表に沿ってイメージどおり飛行するようプログラムする、そのオペレーターが責任を免れていると指摘されました。そして、そうした遠隔操作技術を使用している国々もまた、それを活用して探知し、防いでいる、衝突や犯罪や危機から距離を置くようになっているという、間接的な効果についても語りましたね。

あなたがリーズで暮らしていたころ、私は大学院生として、近代ヨーロッパの歴史や思想や文学の世界に浸っていた学部生時代に生じた暗澹たる疑問と格闘していました。私はホロコーストのことにもっとも大きな戸惑いを感じたため、ダッハウやラーフェンスブリュック、マウトハウゼン、アウシュヴィッツなど多くの場所を訪れて、その忌まわしい線路や、強制労働や人体実験が行なわれた場所、絶滅計画を実施するために作られた整然たる建物を目にしました。私は一九七〇年代末以降のあなたの著作の熱心な読者でしたが、一九八九年に刊行された『近代とホロコースト』(原題：*Modernity and The Holocaust*)はとりわけ感銘深く、心を揺さぶられるものであり、画期的な書物でした。

あなたの研究の一貫したテーマは近代官僚制だけにとどまらず、ジャック・エリュール(一九一二―一九九四)の「ラ・テクニーク(技術)」や、その当時の新しい「情報革命」の挑戦的な側面であったさまざまな特異なテクノロジーやテクノロジー・システムにも及んでいるのではないかと考え始めました。そして、あなたの指摘していることは、新しいテクノロジーによって強化された組織的実践や、最終的にはもっと広範な監視にまで広がっているとも考えました。「はじめに」でも述べたように、ホロコーストに関わる綿密な組織化や、「犠牲者」と役人の慎重な分離、活動の機械的な効率性も結局は、身体的な暴力ではなく、人々をカテゴリーに分けて異なる処理をほどこすことを目的にしています。死に追いやるために選び出すことと、社会的な不利益を与えるために選び出すことは比較にならないように見えても、両者のパターンは一緒です。結局、効率性を称えられるパターンやプロセスも、道徳的中立化という文脈では、経済的に降格して周縁に配置することから、悪辣な権力に引渡すことに至る結果をもたらすのかもしれません。

そこで、本章の対話を、一九三〇年代の殺人工場や現在の組織化のパターンである強制労働収容所、そしてもちろん、監視実践に顕著な官僚的合理性の精密化や強化といった、もっと広範な質問から始めてもいいでしょうか？　これは恐ろしい話を持ち出して人目を引こうとする時代遅れのやり方ではありません。そして常にそうなのですが、十分な分析には抽象的な主張だけでなく、詳細な記述が不可欠です。なかでも遠隔性、遠隔化、自動化（distancing, remoteness, automation）という概念あるいは実践の中にとくに見られる想像力や行為の永続的な輪郭を、基本的なモチーフにしたいと思います。あなたは、そうした関連づけを、建設的で啓発的なものとお考えでしょうか？

**バウマン**　私には立証できませんが（誰にもできないと思いますが）、アダムがイヴにそそのかされて善悪の知恵の実を口にしてから何千年たっても、人間の持つ善悪を行なう傾向や能力や性癖はほとんど変わっていないと思います。変わったのは善悪をなす機会や圧力、そして人間の連帯感を取り巻く環境や人間の交流のパターンだけです。人間の邪悪な本能が解き放たれているケースや、逆にそれを抑圧して窒息させ鎮めているようなケースやそう説明されているケースは、社会的な（そして、一般には何らかの力を借りた）「確率の操作」（特定の行為の確率を高めながら、その他の可能性を減らす）の産物と考えれば、よく理解できるでしょう。確率の操作（再調整や再分配）の目指すものは最終的には、全面的な「秩序構築」、もっと一般的に言えば、無定形でランダムな（「カオス的な」）出来事の場を全面的に「構造化」することです。しかし「秩序」の普及型モデル、さらにはもっとも需要の多い「構造」のパターンは、一般的な「進歩」が意味するものとは逆に、振り子のように、そしてほとんど規則性もなく、歴史とともに変化します。

二一世紀の世界を徘徊し、悩ませている妖怪は、近代がその当初から目標にしていた職務（実際には、その職務がその始まりを規定し、「近代的」と呼ばれる生活様式の引き金を引いたもので、それは要するに、強迫的で中毒的な「近代化」の状態のことです）を果たすための果断な取り組みの中で孕まれたものです。近代化の各領域や各段階のために設定された課題は、目標の実現が見通せなくても、それを達成できる見込みさえあれば、手に負えない制御不能なカオスを、透明で統制可能なものにすることでした。すなわち、これまで、不透明で途方に暮れるほど予測不能であり、腹立たしいほど反抗的で、人間の願望や目標を気に留めない世界に完全で疑問の余地のない秩序をもたらすこと、つまりは揺るぎない理性の支配下にある秩序をもたらすことだったのです。

フランシス・ベーコン（一五六一―一六二六）のユートピア小説『ニューアトランティス』の「ソロモンの館」から生まれた理性は、ジェレミー・ベンサムのパノプティコンで徒弟時代をおくり、私たちの近代が始まるころ、無数の工場に住み着きました。そこにはフレデリック・ウィンスロー・テイラー（一八五六―一九一五）の「時間と動作の測定」の亡霊や、ヘンリー・フォード（一八六三―一九四七）の「ベルトコンベア」の妖怪、ル・コルビュジエ（一八八七―一九六五）の理想の住居である「住むための機械」の幽霊が出没していました。その理性は、人間の意図や嗜好の多様性や逸脱を一時的な頭痛の種にすぎないものと想定していました。そして、外部環境を適切に調整して行動の確率を上手に操作すると同時に、そうした操作に抵抗する要素を無力化して時代遅れなものにすれば、そうした障害も秩序構築の試みから取り除けると考えられていました。ジェレミー・ベンサムによる一八世紀末の普遍的監視の構想は、ミシェル・フーコーとその多くの弟子や信奉者によって権力と支配、さらにはすべての社会秩序の普遍的なパターンの地位に引き上げられました。

この種の秩序は、結局「余分なもの」、言い換えると、役に立たなくて望ましくないものや、不幸の原因となったり、混乱を引き起こしたり、不快にさせたりするものが存在しない状態のことでした。というのも、それが人間の条件に対する完全かつ妨害されることのない管理の方法に基づいていたからです。それは要するに、許容されるものを必須なものとし、残りのすべてを排除することを意味します。そうした方法が妥当であり、実行可能であり、実現まぢかで人間の手の届く範囲にあるという確信、さらにはそうした確信に基づいた行動への抗いがたい衝動がモダニティの特性であり、特性であり続けています。その衝動は二〇世紀初頭にピークに達しました。その後の世界大戦の勃発によって容赦ない挑戦にさらされ、自信を剥ぎ取られ、半世紀にわたって苦しむことになりましたが、「古典的な近代」は本来、完成へと向かう旅でした。ただしそれは、人間世界の形成に干渉しすぎるとそれを悪化させるだけなので、ものごとを好転させようとする圧力を抑えようとする旅でした。同じ理由により、近代は破壊の時代でもありました。完成への取り組みには、物事を完全なものにするための計画表に収められない多くのものを根絶したり、拭い去ったり、取り除いたりする作業が欠かせません。破壊と創造は不可分のものでした。つまり、不完全なものを破壊することが完成への地ならしの条件であり、その必要十分条件でした。モダニティの物語と、とりわけその二〇世紀の結末は、創造的な破壊の物語だったのです。「短い二〇世紀」（イギリスの歴史家エリック・ホブズボウム（一九一二―二〇一二）が名づけたもので、二〇世紀の本当の始点を一九一四年、終点を一九八九年としている）の特徴である残虐行為は、最終的な完成に向けた、整然とした混じりけのない、明快で透明な夢から生まれたものです。

この夢を実現しようとする試みの数は多すぎてここには挙げられないほどです。しかし、そのうちの二つの試みが例をみないほどの意欲と決意の点で際立っています。それらは「究極の秩序」への夢のもっとも完璧で目もくらむほどの表現の中でもとくに注目に値するものです。すなわち、それらはさらなる秩序化の必要がなく、それを許さない秩序を目指していました。ただし、その二つの試みは、その他のすべての試み（本物の試みや推定上の試み、はたまた実行に移されたり、計画されたり、疑いを持たれたりした試み）を測る基準には反するものでした。そして、その後のすべての試み（どれほどそっけないものや装ったもの、どれほど断固たるものや、気乗りのしないものでも）の雛形として私たちの集合的な記憶に潜んでいるのが、その醜悪なまでの妥協を知らない徹底性です。その二つの試みとは、もちろん、ナチスとコミュニストによるものを指しており、それらは人間の条件のあらゆる無秩序で不透明でランダムで管理に抵抗する要素や側面をきっぱりと、そして無差別に攻撃して根絶しようとしました。

ナチスが起爆剤となった試みの方は、ヨーロッパの文明と科学と芸術の中心地、すなわち、フランシス・ベーコンの「ソロモンの館」の夢の実現にもっとも近づいたことを誇りにしていた都市ウィーンで開始されました。つまり、純粋かつ疑問の余地のない理性の支配下にある世界、人間存在の最良の関心事や安心感や幸福のもっとも忠実な召使いである地が火元になったのです。そして、当時のヨーロッパの科学と芸術の正真正銘の首都ウィーンの街頭をさまよっていたヒトラーの心に、不純なものを切除して燃やし尽くすことで世界を整然たるものにする構想と、（そうした任務に適した力と意志を奮い起こせば）それが実行可能だとする確信が芽生えたのです。

ほぼ同じ時期に、ヨーロッパ近代との「閾」に当たる穴だらけの国境の向こう側で、自分が目にしたものに畏怖して、敬意と嫉妬が交ったまなざしを向けていた人々の心にも、ほとんど同じ構想が浮かびました。完成へと続く競技場に沿って近代文明を追いかけ、追いつき、追い越そうとするコミュニズム（共産主義）の構想がそれです。競争に遅れているという屈辱感が彼らを近回り戦略へと駆り立てました。それは、鬪の反対側ではその達成に何世代もかかるものを、一世代のうちに達成しなければならないことを意味しました。そして、もちろん、それは苦痛のない世界へのガイド役に選ばれた世代の苦痛という大きな代償を伴うものでした。しかし、その運命の魅力と気高さを考えると、どんな犠牲も過大とは思われなかったのです。また、いかなる既成の制度もかつて恩恵をもたらしたことを理由に存続することを許されず、完全な世界への入場券を新たに購入する必要がありました。もちろん、誰にでもその入場券を手に入れるために列に加わる権利が与えられるわけではありません。つまり、その他の華やかな新世界のモデルと同様、そのコミュニスト・モデルは、そこへの参入資格がなく入場を拒否される者のリストがあって、初めて完成するものだったのです。

ゲッツ・アリーとズザンネ・ハイムは、ナチス幹部の調査チームが作成した公文書や行政記録を徹底的に調べた結果、「近代化政策」と「破壊政策」は、ヨーロッパの政治的、民族的、社会的地図を描き直そうとするナチスの政策と密接に結びついていたと主張しています。ナチスの支配者たちは、軍事的な征服が終わったあかつきには、ヨーロッパに「できるだけすみやかに、新たな政治・経済・社会構造」を築こうと心に決めていました。[*55] もちろん、その狙いは、各民族の地理的な定住地を歴史的な偶然とみなして、天然資源や労働力の配分を見直すことでした。結局、権力の本質はそうした運命の気まぐれを無視する能力にあるのです。事前に計画され、設計された通りに合理的に構築された世界にあっては、新たに据えられた物事の秩序に適さない、あるいはそれに決定的な損害を与えかねない、過去の偶然の残存物には居場所がないのです。一部の人々を他の場所、すなわち、その能力をよりよく活用できて他の仕事に結びつけられる場所に移送する必要がありました。

強制収容所やグラグ〔強制労働収容所〕、アウシュヴィッツ、コリマ〔スターリン時代に多くのグラグが建設された場所〕、そして全体として、ナチスとコミュニストを結びつける近代史のエピソードが、「近代文明」の規範に忠実だったというよりもむしろ、それに対抗するものだったと広く誤解されているのは、その極端な性格や、その抑制のきかない急進性、すべての歯止めを取り去ると彼らが決心していたためです。しかし、本当のところ彼らは、秩序構築に向けた近代的な情熱の論理をその極限にまで推し進めただけでした。そうでもしなければ、その近代的な精神の夢と野心を実現させるための、自然や歴史を上回るほどの能力や力を得られなかったでしょう。ただし、彼らが行ったことは結局、他の人々も望んだにもかかわらず、勇気がなかったために（あるいは意志が薄弱だったために）実行に移せなかったことでした。

そして、あなたが的確に指摘されたように、私たちもまた、人目につかない、したがって、さほど不快感を与えない穏当な形であるにせよ、「遠隔性、遠隔化、自動化」の指針に忠実に従って、それを続行しているのです。言い換えれば、私たちは、意欲のない人々を説得したり、弱くて当てにならない人間の目で監視したり、洗脳を施して規律を身につけさせたり、規律が保たれるよう見張るといった原始的な方法を用いる代わりに、それを凌駕し、否定し、置き去りにする、ハイテクの力を借りてそれを行なっているだけなのです。そして、経済学者や農学者や公共空間の設計者がかつて、征服した土地の「社会構造の衛生化」を自分たちの義務だと感じたように、欠陥のある（価値のない）人間やそういうカテゴリーに収まる人々を排除することが自らの義務と感じているのです。ナチスの社会工学の専門家によれば、人間の持つ人種的な特性は、絶滅や少なくとも無価値な生命（unwertes Leben）の断種によって初めて改善できるものでした。*56

**ライアン**　たしかに、モダニティにはたくさん問題がありそうですね。あるいはむしろ、技術的な野心がどう良心や憐れみの声を沈黙させてしまうのかに関するあなたの記述の中に、モダニティは、その醜い顔を露わにしていると言うべきでしょうか？　しかし、おそらく、ホロコーストに対する戦後の悔悟の念にもかかわらず、ほとんどその教訓は得られていないようです。ナチスを初めとする体制に対する正当な反省や非難の声も、現在生じている、技術をその適切な範囲から逸脱させようとする衝動と照らし合わせると、ほとんど表面的なものに思えます。私たちをそうしたロジックに巻き込み、私たちにその限界を見せないようにする偶像崇拝によって、「情報時代」の中でのこれらの遠隔化の効果はよりいっそう広範なものに、また有害なものになっています。

**バウマン**　二〇世紀最大の倫理哲学者の一人であるハンス・ヨナス（一九〇三―九三）は間違いなく、

きわめて率直な形で、倫理に対する近代テクノロジーの勝利がもたらす恐ろしい結果に注目させてくれた最初の人物といえるでしょう。私たちは今や技術《テクノロジー》を手にしていると彼は語っています（彼が、スマート・ミサイルやドローンの構想が生まれるかなり前の段階でそう語っていることに注目しましょう）。それに伴って私たちの行動範囲が（空間的にも時間的にも）拡大しすぎてしまったために、何世紀も昔から「目に見える範囲内」と「手の届く範囲内」の狭い空間に閉じ込められてきた私たちの倫理的な想像力は、それを含み込めないのです。そして、あなたがいみじくも引き合いに出したエリュールは、私たちの合理性が持つ「道具性」がマックス・ヴェーバーの時代以降物事をさかさまにしてしまった、すなわち、もはや手段を目的に合わせるのではなく、入手可能な手段によって目的を決めるようになっていると述べて、拡大する技術と倫理のギャップを埋める見通しに暗い影を投げかけました。

　私たちはもはや、自分がやりたいことを行なう「ために」技術を開発するのではなく、そうしたことを行なう技術が開発されているがゆえに（あるいはむしろ、「偶然」そうしたものに遭遇し、発見したがゆえに）、何を行なうか選択するのです。そして、そうした技術のおかげで、何かを出現させたり消滅させたりする距離が広がれば広がるほど、技術によって可能となる新たなチャンスが活用される可能性は増大していきます。ただし言うまでもなく、それらの潜在的な帰結やコラテラル（付帯的）な影響が当面の課題と衝突する、その他の（モラルも含めた）課題にそぐわないといった理由で、そうした技術の動員は取りやめになってしまいますが。言い換えれば、「遠隔性、遠隔化、自動化」を促す技術の進歩のもっとも重大な帰結は、私たちの行動が道徳的な制約からしだいにまたとめどなく解き放たれていくことでしょう。「われわれはそれを行なうことができる、だからそれを行なう」という原則が私たちの選択を支配するようになると、人間の行為とその非人間的な結末について道義的な責任が前提とされなくなったり、それが効果的に実施されなくなってしまうのです。

先の世界大戦の間に、ジョージ・オーウェルは次のように呟きました。「私が書いているとき、高度な文明を持つ人間が上空を飛んでいて、私を殺そうとしている。彼らは一人の人間としての私に敵意を持っているわけではなく、私も彼らに敵意を抱いてはいない。彼らはいわば「自分の義務を果たしているだけ」である」と。数年後に、そうしたことを他の人間に行おうとした人間の類型を求めてヨーロッパと呼ばれる多くの地層からなる墓地を調査していたハンナ・アーレント（一九〇六―七五）は、官僚制の内部にみられる「浮動的な（floating）」責任のあり方を暴露しました。彼女は、この浮動性の行き着く先を「責任をとる人間の不在」と呼んでいます。半世紀以上後の今日も、そうした殺人技術を取り巻く状況はほとんど変わっていないと言えるでしょう。

それでは連続性があるのかって？　そのとおり。連続性があるのです。連続性の常として、多少の不連続性を伴うものですが……。新しいことといえば、手段と目的の差がなくなっていることです。あるいはむしろ、斧が斧を振るう人間に対する独立戦争に勝利したとも言えるでしょう。今や対象、すなわち、切断される首を選ぶのは斧なのです。斧を振るう人間はほとんどそれを止められません（つまり、斧にはない心や感情に訴えて、それを止めることはできないのです）。伝説的な魔法使いの弟子ならそれを止められるかもしれませんが（この寓意は決して気まぐれなものではありません。軍事専門家のトム・シャンカーとマット・リッチテルが『ニューヨークタイムズ』に書いているように、「軍が長年テクノロジーを推進してきたのと同じように、人間がテクノロジーに圧倒されずに、それにどう対処できるかを考えているのは、今や第一線の人間です」）。そして、神経科学者のアート・クレイマーは、同じ記事の中で、こうした状況に付随して「将軍から一兵卒に至る軍隊のすべてのレベルで情報過多が見られる」と述べています。[*57]「将軍から一兵卒に至る」軍隊の誰もが、魔法使いからその弟子の地位に降格しているのです。

二〇〇一年の九月一一日以降、米軍の最先端技術によって収集された「情報」の量は一六〇〇〇%も増加しています。斧を振るう人間が良心をなくしてしまったり、道徳的な引け目を感じなくなったりしているわけではなく、彼らはただ自分たちが操作する機械装置の集めた情報量に対処できないのです。実のところ、これらの機械装置は今や、（あるいは残念ながら）彼らの助けがあろうがなかろうが作動できます。斧を振るう人間をスクリーンから追い出してしまって結果を検証しても、彼らがいないことにほとんど気づかないでしょう。

二一世紀の初頭の時点で、軍事技術はこの浮動性にうまく対処しており、オーウェルやアレントの時代には想像もできなかったほど、責任を「脱人格化」しています。「スマート」で「インテリジェント」なミサイルや「ドローン」が、一般の兵士や最高位の将軍から、意思決定と標的の選定の役目を引き継いでいるのです。近年のもっとも重要な技術の発展は、武器の殺傷能力に関わるものよりも、軍事的な殺害行為の「道徳的中立化（adiaphorization）」（すなわち、道徳的評価が必要な行為のカテゴリーからの除外）の分野で進められ、その目標が達成されました。ギュンター・アンデルス（一九〇二―九二）は長崎への原爆投下の後、そしてヴェトナム戦争やアフガニスタンやイラクでの戦争よりもかなり前の段階で、次のように警鐘を鳴らしています。「ボタンを押した人間が歯軋りすることはない……ボタンはボタンだから」。ボタンを押して、アイスクリーム製造機を作動させることと、電子ネットワークに接続すること、さらには黙示録の三騎士を解き放つこと〔大惨事を引き起こすこと〕の間に何の違いもない。「大惨事を引き起こす動作と他の動作に違いはない。それは、他の同じような動作と同様、同じようなルーティンに従い、ルーティンに飽き飽きしたオペレーターによって実施される」[*58]のです。「われわれの状況の悪魔的性格を象徴するものがあるとすれば、それは動作の無邪気さに他ならない」とアンデルスは締めくくっています。つまり、「地球規模の大虐殺（globocide）」を含めた、あらゆる大異変を引き起こすのに必要な努力や思考の放棄が起こっているのです……。

何が新しいかと言えば、それは「プレデター〔捕食動物〕」と適切に名づけられた「ドローン」であり、これが情報収集と処理の役目を引き継いでいます。ドローンの電子装置はそうした任務を果たすのに優れています。しかし、何の任務でしょうか？　一本の斧の持つ明確な機能が斧を振るう人間に罪人を処刑させることだとすれば、ドローンの明確な機能は、そのオペレーターに処刑対象となる人間の位置を教えることです。しかし、そうした機能に優れ、消化できないほどの情報の波でオペレーターを洪水状態にし、迅速に処理できないようにするドローンは、語られていないもう一つの機能を果たしているのかもしれません。それはつまり、オペレーターから、処刑対象を選ぶという作業につきまとう罪悪感を取り除き、さらに重要なことは、たとえミスが起こっても道徳的な非難を免れるよう保証してやることです。万が一「罪のない人々」を殺害しても、それは技術的な欠陥によるものであって、道徳的な欠陥や罪ではありませんし、それが法律に照らしても犯罪でないことは明らかです。シャンカーとリッチテルが述べているように、「ドローンのセンサーは、情報の海を濾さなければならない、コンピュータと接続された新たな戦士階級を生み出した。しかし、ときどき彼らはその海の中で溺れている」のです。しかし、ドローンの設計の中に、オペレーターのメンタルな（そして間接的に、しかし当然のことながら道徳的な）能力を溺れさせる機能は含まれていないのでしょうか？　オペレーターはドローンの卓越した機能を溺れさせていないのでしょうか？　二〇一一年の二月、アフガニスタンで二三名の結婚式の招待客が殺害されたとき、その起動ボタンを押したオペレーターは、「よだれのバケツ（drool buckets）」〔ジェット機のパイロットがデータだらけのスクリーンを指していう言葉〕と化したスクリーン上で、ドローンに責任を負わせることができました。彼らは、画面をじっと眺めながら茫然自失の状態に陥っていたのです。爆撃の犠牲者の中には子供たちがいましたが、オペレーターらは「データの渦の中で犠牲者にうまく焦点を合わせられなかった」のです。彼らは「まるで膨大なメールの山の中に重要な電子メールを見失った小部屋の中の労働者のよう」な状態でした。そうした小部屋の労働者を誰も道徳的な欠陥を理由に非難したりはしないでしょう……。

アンデルスが主張する「地球規模の大虐殺」も含めた大異変を引き起こすことは、アンデルスが警鐘を鳴らしていた当時より、今日、容易かつ妥当なものになっています。「ルーティンに飽き飽きした」オペレーターには、その同僚も加わっており、その同僚が代って後継者になることは確実です。そのまなざしは「よだれのバケツ」に注がれ、その心は「データの渦」の中で溺れている男に交代することが……。

**ライアン**　あなたのご意見におおむね同意します。不在中の行動（action-in-absentia）と呼びうる世界には（一定の不連続性や増幅や縮減と同時に）重要な連続性があることを念頭に置く必要があります。しかし、あなたの挙げる例は身の毛もよだつようなものなので、直接的な殺人を伴わないような、もう少し非軍事的な連続性について考えてみたいと思います。監視の中には予想されるリスクの結果として死をもたらすものもありますが、大半はそうではありません。しかし、あなたが言及されている道徳的中立化は、道徳的な責任回避の性格こそ違っても、他にもかなりよく見られるものかもしれません。

今度はグローバル化の文脈の中で、もう一度、監視に関するあなたのコメントと関連づけてみることにしましょう。あなたの「グローバルとローカル」あるいは「旅行者と放浪者」に難癖をつけたり、非難したいと思う人もいるかもしれませんが、あなたが一九九八年に出された『グローバリゼーション』（原題：*Globalization*）の中で指摘されたポイントは今でも有効です。すなわち、データベースは、望まれるものから望まれないものを篩《ふる》い分け、望ましくない移住者から望ましい移住者を選び出す主要な手段だという指摘ですね。それらのデータベースは、あなたが辛辣に指摘されたケースと同じく、「距離を隔てて物事を行なうこと」（あるいは不在中の行動）を可能にします。それに関連して、私自身の研究でも、移住者のことを考える際には、国境は偏在するという事実に注意を促すよう心がけてきました。*59

これはいくつかの事柄を指していますが、なかでも次の二つの事柄が重要です。その一つが、地理的な境界線としての国境は、それが地図の物理的表現として生み出されたころほど重要でなくなっていることです。検問所や税関、入国管理局はたしかに国境沿いに置かれているかもしれませんが、リモート・データベースとテレコミュニケーション・ネットワークの活用に伴って、きわめて重要なチェックが領土外もしくは少なくともその所在実体のない場所で（その両方の意味で！）行なわれているのです。しかし、国境の偏在のもう一つの意味は、「望ましくない」移住者がどこにいるかは重要でないことです。どこにいようが懸念の対象になるのです（事実、今週、イギリスにいたとき、入国管理官が公共交通機関であるバスの停留所で人々をチェックしているのに気づきました。おそらく、取り締まり規則の弾力的な解釈に基づいたものでしょう）。*60

私が言わんとすることは、ハンス・ヨナス（一九〇三—九三）やエマニュエル・レヴィナス（一九〇六—九五）らが書いているように、距離を隔てて物事を行なうことが今や大幅に拡大していることです。情報インフラや振り分けソフトウェアによって可能になったこの能力は、本当は軍事的な意思決定と関係があるのですが、多くの人々のライフチャンスにとって非常に重要なあらゆる意思決定の方式の特徴でもあるのです。こうした文脈での道徳的中立化に対する批判を紹介してもいいでしょうか？　こうした問いかけを続ける価値があるとお考えでしょうか？

**バウマン**　どのような監視も同じ目的に役立っています。つまり、標的や標的がいる場所を見つけて、その標的に焦点を合わせることです。すべての分別機能がこの共通のグラウンドから始まるのです。

「殺害命令」に焦点を合わせると私たちの議論が狭まってしまう、とあなたがおっしゃるのは、もちろん正しいと思います。しかし、「遠隔地での処刑」を念頭に置いて軍事関連の研究開発予算が「先進的な」監視部隊の育成に注がれても、それが後になって、その他の準軍事的な「セキュリティ関連」の監視や、さらには純然たる商業的なマーケティングでの活用需要に見合った技術革新につながるのではないかと思います。さらに先駆的な軍事利用は、監視装置の技術的な基準、さらにはそれらの配置のための知的で実践的な枠組みのための技術的な基準を定めるものだと思います。私は、このことが他の時代以上に、バノプティコン（八五頁を参照）の時代に当てはまるのではないかと考えます。

商店街やゲイテッド・コミュニティの入り口に設置された監視装置には、あなたのおっしゃるとおり、所在を突き止め、正確に狙いを定めた標的を全滅させる「執行部隊」は配置されていません。しかし、それにもかかわらず、その目的は「境界線を越えた」標的を無力化して除去することです。同じことは、消費意欲旺盛な客の中から信用のおけない客を摘み取るために使用される監視や、ショッピングモールに溢れる群衆の中から文無しの客をはねて有望な客を見つけ出す監視装置についても言えるかもしれません。これら現代の二種類の監視は、いずれも物理的な死をもたらすことを目的にしているわけではありませんが、それらが追求しているのはある種の死なのです（すべての重要なものの死）。それは物理的な死でもなければ、それで終わりというものでもなく、（原則として）取り消し可能なものです。すなわち、それは社会的な死、社会的な復活（社会復帰や本来の状態への回復）の可能性を残した死です。パノプティコンの存在理由である社会的排除は、本質的に社会的な死の評決に似ています。たとえ、そうした裁判の多くで、死刑執行の延期の判決が下るにしても。

そして、遠く離れた場所から監視する技術がもたらす能力（言い換えると、地理的な距離が及ぼす限界や制約のない、完全にまた本当の意味で超領土的な監視を可能にする能力）は、移動の管理に対する異常なまでの熱意によって効果的に展開されている非常にグローバルなプロセスである、というあなたの指摘も的確だと思います。私はあなたの分析に全面的に同意します。米国は入国管理局を、外国から航空機が到着する地点から、それらの乗客が搭乗する地点へと移動しました。しかし、これは、移住者の有望な目的地である先進各国の政府の間で急速に拡大している「芽のうちに摘み取る」方法と比べると、原始的で家内工業的な方策のように思えます。それは監視装置を疑わしい人間の到着地点ではなく出発地点に設置して、彼らを自国の国境からかなり離れた場所で見つけて捕捉し、移動できないようにするものであり、労働力を輸出する国々を恫喝し、買収して、「犯罪予防」や「疑わしい人間の収監や無力化」作業に携わる（その責任を担う）警察の役割を引き受けさせようとするものです。

ここに見られるのは、物理的な距離を消去してその抵抗や妨害の可能性を殺ぐというよりは、距離を操作することだと言えるでしょう。移住者の出発地点と到着地点の距離がその「具体的な範囲」（移住者は、実際に違法行為が発生し、彼らに罪人の身分が付与される場所のはるかかなたで「犯罪予備軍」のカテゴリーに収められてしまう）を超えて拡大している一方で、監視塔と監視対象を隔てる物理的距離は、電子的で「リアルタイムな通信」手段のおかげで劇的な形でゼロに近づいています。

監視する側が得るコラテラルなメリット（その魅力を過小評価すべきではない特典や抵抗しがたい誘惑）は、不測の事態がもたらされる可能性や、距離の操作による非常に不快で非難の的になりうる結果を、「隠す」か「一掃する」チャンスを手にすることです。つまりは、処刑という不快で「汚れた仕事」が行なわれる場を、情報を集めて命令を与える場から、地理的・法的に引き離すのです。ハンナ・アーレントを引き合いに出して言い換えると、責任の「浮動化」ということです。ホロコーストの加害者たちがそのご都合主義によって恐ろしい結果をもたらしたのは、今日の高度な監視技術の出現よりもかなり前のことですが、こうした技術の到来に伴って、はるかにこぎれいで、（命令を与えたものにとって）トラブルがなくて洗練されたものがもたらされることになったのです。そして周知のように、責任を浮動状態にすることは、広範に浸透している道徳的中立化のための有効な戦略です。つまり、反道徳的な行動をとることへの道徳的な抵抗を無力化し、道具的効率性だけを唯一の基準にして行動を選択するのです。

**ライアン** 一つだけ明確にしておいてもいいでしょうか、ジグムント？ あなたが技術のもたらす「効果」について語るとき、それが常に否定的なものであるという印象を受けることがあります。官僚制がかつてそうだったように、新たな技術は人間とその道徳的責任を切り離します。他の電子機器が一般に不在中に活動するのと同じように、ドローンも遠く離れた場所で殺人の手助けをします。そして、報告されている研究によると、ほんの一握りのドローンのオペレーターしか、（たとえば）心的外傷後ストレス障害（PTSD）に悩まされないそうです。たとえ、彼らが見るはずのビデオ映像が非常に鮮明なものであっても。[*61]

わたしの質問は、これはやむをえないのかということです。電子的なものの介在がもたらす有害な結果は避けられないものなのか、それとも、その同じ技術が思いやりのある望ましい社会関係を促すことができるのでしょうか？ この問題は、私がこの対話を開始し、こうした大陸をはさんだ対話が情報通信技術や今日ニューメディアと呼ぶもののおかげで可能になったと述べている時点で、すでに明確に提示されていると思います。

もちろん私は、技術が「中立」であって、その「用途」が定まって初めてその道徳的な方向も明らかになると言おうとしているわけではありません。すべての技術的な発展が文化的、社会的、政治的な関係の所産であることは明らかです。私たちが「技術」と呼ぶものはすべて、より適切な言い方をすれば「技術社会的《テクノソーシャル》」あるいは「社会技術的《ソシオテクニカル》」な関係が持つ一つの姿です。その意味で、すべての技術的な装置やシステムは道徳的な傾向、すなわち、(私の見解では)厳密な意味での道徳的な行動ではなく、道徳的な方向性を示します。これが正しければ、技術は一方で否定的な遠隔効果に貢献し、他方では少なくとも地理的距離の部分的な克服に貢献するのかもしれません。私が子供や孫たちとスカイプを楽しんでいるのがそのいい例です。

メディア理論家のロジャー・シルバーストーンは、私たちが技術に言及しながら距離のことを論じる際、モラルと地理の二つに集中する傾向があるとよく不満を述べていました。彼は「適切な距離」、すなわち、「明確に区別できて、正しい、道徳的にあるいは社会的に適切な」距離について語っており、彼はこの言葉を批判的に用いることを提案しています。*62 インターネットや監視について、適切な距離とは何でしょうか？　距離を超越して意思疎通を図る手段を提供することは、結びつきやコミュニケーションを促進することですが、空間的なものや社会的なものを無視すべきではありません。距離はモラルに関わるカテゴリーでもあり、モラルを取り戻すためには、技術ではなく近さが必要です。もちろん、このことはあなたが他のところで指摘されたことに近いものです。たとえば、『ポストモダンの倫理 *Postmodern Ethics*』(一九九三)では近さが親密性とモラリティ(道徳性)の領域であり、遠さはいささかいや法の領域であると指摘されています。

あなたにとって、モダニティは親密なものとモラルを拒むものであり、この否定が、法律や、監視を含めた（と付け加えたいと思います）国家の活動を通じて、繰り返し私たちに押しつけられていると、私は思います。近接性と適切な距離は責任を必要とし、その責任はモダニティと技術によってしばしば否定されます。しかし、シルバーストーンの適切な距離はニュアンスに富んでいます。彼によれば、技術が物事を決めることはありません。それは制約するものであると同時に可能にするものです。関係の流動性と可変性の中で、技術や言説の介在は、倫理的に行動するのに必要な適切な距離を不安定なものにします。適切な距離は生み出さねばならないものです。多くの監視は管理《コントロール》のモチーフ（権力が常に含意されている）と密接に結びついているにしても、このことは、その中で監視が他者への配慮に関わる可能性を排除するものではないと、私はずっと論じてきました。ここでのカギとなる質問は、媒介された他者とどう責任を持って向き合うことができるかです。

そこで私の質問に戻ると、監視技術は配慮《ケア》と歩調を合わせることができるでしょうか、それとも、道徳性の無効や道徳的中立化に屈してしまうのでしょうか？

**バウマン**　私たちはモダニティ（これは、前の説明では、強迫的で中毒的な「近代化」の状態のことであり、物事を現状よりもよいものにするカギとなる言葉です）を既成の現実に常に圧力をかける両刃の剣と考えることができます。技術についても同じように考えることができるでしょう。そうした任務に適した技術の発明や発達や配置がおそらくは近代の意味のある活動の主要ツールであるがゆえに、それはモダニティを規定する特性と考えることができます。しかし、剣は通常両刃であり、手近なものを処理するために有益に活用される場合もありますが、二通りの使い方が可能であり、剣を振ることはその性格からして危険を伴います。その想定される適性や長所を考慮して選んだ目標を外れると、予想もしなかった標的を傷つけたり、それに損害を与えたりすることが知られています。有効であるためには結果に焦点を合わせた目標のある行動が必要ですが、行動の対象は通常、その焦点を外れた数多くの他の対象と相互依存の関係にあります。

その結果、それらの行動からは、指定された目的と並行して、当然のように「予期せぬ結果」、すなわち誰も望まず誰も計画しない有害な副作用が生じます。ウルリッヒ・ベック（一九四四―　）は、よく知られているように、すべての行動は「リスク」を伴い、行動の「正の」効果と「負の」副作用は同じ原因に基づいており、一方をなしですますことはできないと指摘しています。ある行動を受け入れれば、それと分かちがたく結びついているリスクも受け入れざるをえません。最近、「リスク」をめぐる言説は「コラテラル・ダメージ」や「コラテラルな犠牲者」に取って代わられる傾向があります。この「コラテラリティ（付帯性）」という考え方は、想定される正の結果と明らかな負の結果が同時並行の関係にあり、そのため、あらゆる新規技術の意識的かつ公然たる応用がそれまでみられなかった新たな災害の時代を開く（少なくとも原則として）とされているのです。私たちの祖先は、鉄道網を発明し、建設したことで、鉄道災害を発明しました。また空の旅が導入されたことで、前例のない航空災害がもたらされるようになりました。核エネルギー技術はチェルノブイリやフクシマ、そして決して払いのけられない核戦争の亡霊を私たちにもたらしました。遺伝子工学はすでに入手可能な食物の量を激増させていますが、一部の遺伝子組み換え作物が予期せぬ相互作用を引き起こし、制御不能な意図せぬプロセスの引き金となれば、いつでもグローバルな災害の発生につながる恐れがあります。

私が思うに、シルバーストーンは、「技術の進歩」の同じような不可分の性質について語っており、彼の場合、それはいわば「逆の順番」で提示されています。私の推測では、彼は、監視の計画的な応用に対する批判に心から同意しており、監視技術の目覚しい進歩の背後にある理由や起動力は邪《よこしま》なものであると考えています。彼の「発見」は、本来は無力化を目的とした技術が、可能性を求める人々にも何らかの形で役立つということです（壁がゲットーや刑務所を作るために使われると同時に、連帯感やコミュニティ感覚の醸成に最適な場所を求める人々にも役立つように）。こうした技術は両刃の剣であり、それが予想もしないような使われ方をされたり、計画もされていない用途に役立ったりしていることはほとんど公にされません。また、称賛に値するような（ただし計画的でない）監視技術の応用の例がどれほど多くても、監視技術の発展のパターンを定め、「ロードマップ」を描いているのは、称賛に値せず、是認しがたい活用の方であるという事実も変わりません。そして監視技術の社会的・倫理的価値を決めているのは後者なのです。たとえ望ましいニュースが増加していても、ウルリッヒ・ベックが指摘するように、注意深くて入念な「リスク計算」が不可欠であることに変わりありません。利益と損失の計算が大事なのです。結局、優先すべきことは、すべてのインパクトを念頭に置くことです。すなわち、社会的な利益かそれとも損失か？　道徳性の促進かそれとも道徳の破壊か？　社会的格差や分断の促進かそれとも連帯の強化か？　非再生可能エネルギーの供給が急速に枯渇した場合に、原子力エネルギーが切迫するエネルギー危機の真の解決策の一つになる可能性は誰も否定しないでしょう。しかし、フクシマ後の段階にあって、もっとも強力な国々の政府は、原子力発電施設の完全禁止の可能性を真剣に検討している状況です。

第４章

# セキュリティ・インセキュリティと監視

**ライアン**　監視を行なう理由はいくつかありますが、今日の主な動機はセキュリティ（安全）の確保です。もちろん、これはとりたてて新しいものではありません。町を守る「夜警」の意義について触れている聖書の記述や、シェークスピアの『ハムレット』の冒頭の場面に登場するエルシノア城の歩哨フランシスコーのことを思い出して下さい。安全の確保は常に護衛を配置して敵味方を識別する理由になるのです。したがって、それが用心のために監視を行なう強力な動機に思えるのは確かです。

しかし、二一世紀の監視となると、そうした素朴な説明だけでは不十分でしょう。「国家の」安全保障（セキュリティ）という漠然とした概念に使われるケースが多い安全（セキュリティ）は、今日、多くの国にとっての政治的優先事項であると同時に、監視を行なう大きな起動力です。その安全を確保する重要な手段が新たな監視技法と技術であり、それらは私たちを明確な危険から守るというよりも、影のような形のないリスクから守ってくれるとされています。監視するものとされるもの双方にとって事態は変化しているのです。かつては夜警が町の入り口を守っているので安眠できたからといって、今日の「安全《セキュリティ》」にも同じことが当てはまるわけではありません。皮肉なことに、今日の安全（セキュリティ）はその副産物として不安全（インセキュリティ）を生み出しています。また一部のケースでは意図的にそれが生み出されているのかもしれません。セキュリティ措置によって守られるとされる人々自体がそうした不安全（インセキュリティ）を、強烈に感じているのです。

さて、あなたは、リキッド・モダンの社会は「不安と同居する生活を暮らしやすいものにしようとする装置」だと指摘されたことがあります。[*63] 今や一つずつ不安を克服しようとしたモダニティの段階から、不安に対する闘争が生涯の課題であるリキッド・モダニティの時代へと移行しています。九・一一以前、私たち西洋の人間はこのことを十分意識していませんでしたが、あれ以降、あなたのいわゆる「グローバルな恐怖心」にとらわれるようになっています。すでに何十年にもわたって儀礼的に行われていたリスク管理の試みも、九・一一以降はよく知られる明確なものになりました。繰り返しになりますが、監視が「外部の目に見える記録可能な対象に」焦点を当てるようになると、新たな監視システムも「記録された画像の背後の個人の動機や選択は気に留めなくなり、その結果、最終的には個々の悪人の代りに「疑わしいカテゴリー」という概念を据えざるをえない」[*64] とあなたは指摘されていますね。

空港に新型の全身スキャナーや指紋認証装置が設置され、国境を超える際にＲＦＩＤ（Radio Frequency Identification：電波による個体識別）タグ付きの最新型パスポートの提示を求められるようになるのと並行して、不安全（インセキュリティ）が生じているのも不思議ではありません。いつ「偶然」にリスクのカテゴリーに収められてしまうか、もっと正確に言うと、いつ参加や入場資格を得られなくなるか分からないからです。あるいは、あなたがいみじくも「安全《セキュリティ》への強迫観念」と名づけたものがよりいっそう日常的な不安を生み出しているのかもしれません。カティア・フランコ・アースその他の人々によると、ノルウェーの航空会社の乗務員が空港の係官に対して、「行き過ぎたセキュリティ」が空の安全《セキュリティ》を損なっていると訴えたそうです。これらの乗務員にとっては、毎日繰り返しチェックされることが苦痛の種です。数百人もの乗客の命を預かるパイロットが、セキュリティ・チェックを受けずに昼食にいくことすら許されないのです。彼らは自分を「犯罪者のようだと感じる」*65と語っています。

　しかし、安全（セキュリティ）確保のための監視から生じる不安全（インセキュリティ）を九・一一後だけの問題だと考えるのは誤解を招くでしょう。たとえば、トーリン・モナハンは、その事実を基にした『不安全《インセキュリティ》の時代の監視 *Surveillance in the Time of Insecurity*』の中で、数種類の「安全《セキュリティ》文化」とそれに対応する「監視インフラストラクチャー」が、社会的不平等の悪化に加えて、不安全《インセキュリティ》の発生という結果をもたらすことを明らかにしています。モナハンは、多くの具体例の出所である米国で「糸をより合わせているのが他者の脅威《インセキュリティ》である」*66と語っています。モナハンの説明に加えられているひねりは、あらゆる新たな不安や不安全に対処するために、一般市民に次の二つのことを行うよう促していることです。一つが備蓄を行ったり、警報機を設置したり、保険契約を結んだりといった負担を引き受けること、もう一つが拷問や国内の諜報活動を含む過酷な措置を是認することです。

これらすべてを考え合わせると、私は「リキッド・サーベイランス」という言葉を使うのは当然だと思います。これはリキッドな時代に見合った監視のスタイルであり、今日の時代の特徴をいくつか備えたものです。私たちは不安が常在する生活を親しみやすいものにしようと心がけますが、そうした試みがさらなるリスクや不安を生み出してしまっています。九・一一が引き起こした恐怖心とその余波はその徴候ですが、ほんの徴候にすぎません。疑わしい人間のカテゴリーに収められた無実の人々は、今や、テロリズムの皮肉なパロディの中で、危険に瀕し、不安を抱いています。そしてこの問題は、空港のセキュリティ・チェックや国境検問所で起こっていることよりはるかに広範囲に及ぶものです。そこで、前近代から近代のセキュリティ駆動型監視についてのコメントからこの章を開始し、それからリキッド・モダンの時代に移ることにしてもよろしいでしょうか？　本当に変化したのは何なのでしょうか？　私が聖書やシェークスピアの例を挙げて示した前近代のセキュリティ監視の特徴は、永久に失われてしまったのでしょうか？

**バウマン**　今回も私たちは完全に一致していますね……。

第一に、近代的な電子装置の恩恵の有無は別にして、歩哨のフランシスコーは、追いはぎや白昼強盗、その他未知の恐ろしいものが住む無秩序な「町の外」の広大な空間から流れ込んでくる危険から、エルシノア城の安全を守りました。ところが彼の後継者たちは、都市の内側に潜む危険や、都市の内部で孕まれる数多くの危険から都市を守っています。都市という安全の要塞は、何世紀もの間に、本当のあるいは想定上の、根強い危険の温床やその培養器に変わってしまいました。カオスの海の中に秩序の島を生むという発想で築かれた都市そのものが無秩序の最大の源泉に変わっており、目に見える壁や目に見えない壁、バリケード、監視塔、銃眼、そして数え切れないほどの武装した人間を必要としているのです。

第二に、あなたがモナハンを引用しながら指摘されたように、インナーシティ〔都市の中心部の夜間人口の減少や治安悪化などが問題となる地域〕のすべての安全《セキュリティ》のしくみを「よりあわせる糸」は「他者への恐怖心」です。しかし、私たちが恐れる「他者」や、恐れるよう仕向けられている「他者」は、自ら都市の境界を超えたり、超えるよう強制されたり、居住や滞在の権利を否定されている個人や個人のカテゴリーではありません。他者とはむしろ隣人であり、通行人であり、放浪者であり、ストーカーであり、ようするにすべての見知らぬ人間たちです。しかし、そうなると、周知のように、都市の住人同士は見知らぬ人間であり、危険をもたらすのではないかと疑われるため、私たちはみな、浮動し、拡散し、名づけられない脅威を一連の「疑わしいもの」に凝縮して、そこに詰め込みたくなります。脅威から距離を置くと同時に、脅威の一部に分類される危険から自分を守るためにも、そのような形に凝縮する衝動に駆られるのです。

私たちが危険を免れ、そして危険集団のカテゴリーに収められないようにするために、監視や選択、分断、排除措置の濃密なネットワークによって既得権益を発達させるのは、以上の二つの理由によります。私たちはみな、そうした集団の一員に数えられるのを避けるためにも安全を脅かすものに印をつける必要があります……。私たちは自分が非難を免れるために他人を非難する必要があり、排除されるのを避けるために排除する必要があるのです。私たちは、自分のような立派な人間が監視装置のしかける不意打ちから無傷で逃れられ、その結果、自分たちの上品さや礼節を取り戻し、再確認させてくれると思わせてくれる、監視装置の効果に信頼を託さなければなりません。イギリスの作家で詩人のジョン・ダン（一五七二―一六三一）の何世紀も昔のメッセージ「人は離れ小島ではない。一人で孤立しているわけではない。すべての人間は大陸の一部である。それゆえ、誰がためにその弔いの鐘は鳴るのかと問うてはならない。それは汝のために鳴るのだ」の意味にも興味深い運命的な転換が起こっているのです。

そして第三。今や私たちはみな、あるいは少なくとも私たちのほとんどが、セキュリティ中毒にかかっています。危険の偏在や不信と疑念の拡大、継続的な警戒の所産と考えられる国民の安全な共生という世界観（Weltanschauung）を吸収し、それと同化した私たちは、監視がなされているのかどうか、なされていそうかどうか確認するようになりました。アンナ・ミントンが述べているように、「安全に対する需要には中毒的な性格があり、どれほど手にしても十分でないと思うようになり、中毒性のある薬のように、いったんそれに慣れると、それなしでいられなくなる」[*67]のです。「不安が不安を生む」、そうミントンは締めくくっていますが、私もまったく同感であり、あなたもそれに同意されると思います。しかし、こうした一般的な風潮に対する個別的で孤独な抵抗は効果がありません。そうした行動には強い意志が必要であり、社会的にも金銭的にも大きな代償が伴います。たとえば、アンナ・ミントンが例に挙げているエレーヌという女性は、引越し先の「防犯カメラから多数のドアや窓の鍵、そして複数の非常に複雑な警戒システムに至る、備えつけのセキュリティ装置の量にびっくりした」と語っています。エレーヌは、常に不安を感じてびくびくし、予防策を講じねばならない環境に置かれていることを心地悪いと感じたため、そうした装置を取り外したいと思いました。「しかし、「言うは易く行なうは難し」であった。彼女がようやく建設業者を見つけてそれらの装置を取り外してもらおうとすると、彼らは仰天してしまい、そんな作業はしたことがないと彼女に語った」そうです。

ところで、アグネス・ヘラー（一九二九―　）は年四回発行の『*Thesis Eleven*』誌の最新号の中で、今日の歴史小説の特徴的な変化を記しています。今日の歴史小説家は、かつての同業者とは違って、前近代に起きた外国の軍隊による暴行や侵略や戦闘に焦点を合わせることはめったにないそうです。たとえその物語が設定された時代にそうした事例に事欠かなくてもそういう傾向があり、代わりに彼らは、日常生活に巣くっている、魔法使いや異端者や泥棒や殺人者など「周囲の恐怖」に焦点を合わせているそうです。今日の時代に生まれ育ったそれらの作家は、セキュリティに取り憑かれ、セキュリティ中毒にかかっている私たちの時代に特有の恐怖心を、過去の時代の中に読み取ろうとしているのです。そうした悪夢の源泉は彼らの世界地図の中で、いわば「そこ」から「ここ」へと移動しています。それは近くのとくに隣のカフェやパブ、そしてときには私たちの台所や寝室から生じているのです。
その表向きの目的がどうであろうと、これは監視装置で満ち溢れた時代の逆説といえます。すなわち、私たちは過去のどの世代の人々よりも不安全《インセキュリティ》から守られているのに対し、かつての電子的なもの以前の世代は、そうした不安全な感情を日常的に抱えてはいなかったのです……。

**ライアン** ここからは、あなたの意見と異なるかもしれませんが、一、二点、指摘しておきたいことがあります。まず、「不安全《インセキュリティ》の感情」から始めましょう。これはさまざまなレベルで存在し、一部の人々が指摘する一般化された「恐怖の文化」の醸成にではなく、多様な恐怖の文化の醸成に一役買っています。たとえば、あるレベルでは、法律で禁止されている少数派《マイノリティ》、すなわち、西洋在住の危険なムスリムのアラブ人と結びつけられる恐怖心があります。数週間前、私はマーヘル・アラルという人物に会いました。アラルはシリア生まれのカナダ人エンジニアで、カナダの治安機関から目に余るような一連の誤解を受け、ニューヨークでは米国当局から危険人物とみなされ、さらに、二〇〇二年から二〇〇三年にかけてシリア当局の拷問の犠牲者となった人物です。非常に疑わしいデータ処理を基にした常識を超えた解釈のために、アラルの健康やその家族の生活、ようするに彼の大切にしているすべてが破壊されそうになりました。しかし、いわゆるリスク社会の不安全《インセキュリティ》は、アラルのようなテロリズムとの明白な結びつきのない（「中東」的な特徴を持たない人々さえ含む）人々に影響を及ぼすばかりでなく、DNAテストによって特定の病気にかかる恐れがあるとされた人々や、歓楽街の持つ危険から自分の子供を守ろうと考える親たちにも影響を与えます。
これらのケースに共通するのは、セキュリティが多数派《マジョリティ》と関係があるものとみなされ、アブノーマル（異常）なもの、統計的に標準から外れているものを周縁化することです。その結果、西洋のアラブ・ムスリムのみならず、そのＤＮＡから将来何らかの病気の発症が予測される人々や、夜間の歓楽街のリスクに曝されやすい人々がことごとく不安全《インセキュリティ》と結びつけられるのです。安全《セキュリティ》が想定する未来は、すべてのアブノーマルなもの（テロリズム、疾病、暴力）を排除するか、少なくとも封じ込めようとする世界です。そしてディディエ・ビゴが指摘するように、監視は結局のところ、フーコーが切り離した規律と安全《セキュリティ》を結びつけるのです。したがって、ある意味でセキュリティは監視であり、その絶えず進化する技術が今日のリスクに脅かされる世界における移動に目を光らせているのです。[*68] 不安全《インセキュリティ》は今日の安全《セキュリティ》化された社会の実践的な帰結なのです。

したがって、インセキュリティ／セキュリティに関わる技術を、単なる情報通信技術の産物や、（九・一一によって衝撃を受けたにしても、それが引き金となったわけではない）例外状態に置かれた結果と解釈することはできないでしょう。それはむしろ、より大きな社会的・政治的布置の一環であり、リスクやその兄弟分である不確実性と関連があります。それでは、私たちはそれにどう政治的にアプローチすればよいのでしょうか？　私は、「変革を起こす」可能性をめぐってシニシズムに屈しない多くの人々とともに、インセキュリティ／セキュリティをライフチャンスに対する危機的なカテゴリーに変えてしまうこうした展開に疑問を投げかけ、押し戻す戦略があると考えたいと思います。しかし、あなたが正しいとすれば、リキッドな時代にあって権力と政治はしだいに離れ離れになり、その結果、権力は蒸発してマニュエル・カステルのいわゆる「流動の空間」となり、政治はしぼんで複数の場から成る空間となってしまうでしょう。*69

こうした意見には説得力がありますが、ある意味で人をたじろがせます。というのも、それは、まだ存在していない、グローバル政治しか本当の影響を及ぼせないことをうかがわせるからです。権力と政治の通約可能性を追求することが価値ある目標だという点ではあなたに同意しますが、デモクラシー（と説明責任）と自由（これはセキュリティと監視の同盟関係によって大きく制限される）がよりローカルなレベルでの闘争の焦点になりうる政治のチャンスはないのでしょうか？

**バウマン**　ミシェル・ウエルベック（一九五八―　）のことに触れたいと思います。彼はその洞察力と、特殊なものの中に一般的なものを見出す並外れた能力、さらにはその内部の潜在力を推し量り、解き放つコツを知っている点で、私が称賛してやまない人物であり、規制緩和され、断片化され、個人化された、私たちのリキッド・モダン社会のもっとも洞察力のあるディストピアを描いた『ある島の可能性』（原題：*The Possibility of an Island*）の著者でもあります。そして、あなたが「私たちが変革を起こす可能性をめぐってシニシズムに屈してしまっている」人々を選び出そうとする際に念頭に置く人物かもしれません。ウエルベックは非常に懐疑的で希望を抱かない人間であり、そういう状態におかれてしまう適切な理由をたくさん提示しています。彼の立場に完全に同意しているわけではありませんが、彼の見解に反論するのは容易ではありません。

エヴゲーニイ・ザミャーチン（一八八四―一九三七）やジョージ・オーウェル、オルダス・ハクスリー（一八九四―一九六三）など、歴史上もっとも偉大なディストピア作家も、ソリッド・モダン世界の住民を苦しめる恐怖の未来図、すなわち、綿密に管理され、秩序にとりつかれた生産者と兵士の世界を描きました。警戒を怠らないこれらの作家は、自分たちの描く未来図が見知らぬ世界への旅行者にショックを与えて、おとなしく屠殺場に向かう羊のような鈍感さを振り払ってくれればと願いました。この屠殺場は、反乱でも起こさない限り、平静を装いながら向かわざるをえない世界です。ザミャーチン、オーウェル、ハクスリーも時代の子だという点では、ウエルベックと同じでした。ウエルベックと違って、彼らが注文服の仕立屋を信頼したのはそのためです。すなわち、彼らはみな、未来は注文して仕立ててもらうものだと考えており、自家製の未来という発想を持たなかったのです。彼らが驚いたのは、その仕立屋が寸法を間違えて、不恰好な服を仕立てたばかりか、泥まみれで／もしくはだらしなく酔っ払って、堕落していることでした。しかし、それでもなお彼らは、将来仕立屋の店舗がつぶれて取り壊され、なくなっていくとは考えず、仕立屋のいない世界など予想もしませんでした。

ところが、ウエルベックはといえば、まさしく、そうした仕立屋のいない世界から描いています。そうした世界の未来は自家製、すなわちＤＩＹの未来であり、ＤＩＹ中毒に陥っている誰も管理を行わず管理しようとせず管理することのできない未来です。いったん各人がそれぞれの決して交わることのない軌道に乗ると、ウエルベックの同時代人はもはや配車係や指揮者を必要としませんそれは惑星や星に道路を計画する人間や交通監視官がいらないのと同じことです。彼らには自分で屠殺場への道を見つける完璧な能力が備わっているのです。そして彼らは、ウエルベックの物語に登場する二人の主人公と同じように、その道の上で出会うことを（むなしく）望んでいます。ウエルベックが描くディストピアの屠殺場も言うなればＤＩＹなのです。

スザンナ・ハンウェルが行なったインタビュー[*70]でウエルベックは、率直な言い方をしています。そして、ちょうど前任者たちや、私たちや私たちの祖先が行なったように、彼は、自らの選択のプログラムではなく、自らの選択の条件のプログラムを書き直しています。つまり、「私が思うに、基本的には、大きな社会変革を起こそうとしても無駄」なのです。ウエルベックは、同じ考えに沿って、その数行後に、最近世界で起こっている出来事を残念には思っても、「時計の針を戻すことには関心がない。なぜなら、そんなことができるとは思えないからだ」（傍点は著者）と指摘しています。ウエルベックの前任者らが、「大きな社会変革」を指揮する立場にある人間が行なう個々人のランダムな行動の抑制に関心を寄せていたとすれば、ウエルベックの関心は、個々人のランダムな行動のために、どの地点で「大きな社会変革」を念頭に置いて人材を配置する指揮官や行為主体が存在しなくなるかにあります。ウエルベックを悩ませるものは、管理と（その忠実で不可分の同伴者である）抑圧の過剰ではなく、すべての悩みを無意味で不要なものにするその欠乏なのです。ウエルベックはパイロットの操縦室が空っぽの航空機から報告を行なっているのです。

「私は政治が歴史に大きな影響を及ぼすとは思わない……。個々人の心理が社会の動きに影響を及ぼすとも思わない」とウエルベックは締めくくっています。言い換えれば、「何をなすべきか」という質問は、「誰がそれを行なうか」という質問に対する「誰も行なわない」という回答によって無効とされ、機先を制されてしまっています。唯一期待される行為主体《エージェンシー》は「技術的な要素であり、それほど多くはないが、宗教的な要素の場合もある」。しかし、技術はその盲目さゆえに評判が悪く、目的に沿った人間の一連の行動（その行為主体を他の運動体と切り離す一連の動き）を逆転させてしまいます。それは、動くことができるから（あるいは、じっとしていられないから）動くのであって、目標を達成したいために動くわけではありません。一方の神は、自分を見守る者たちの目をくらませて盲目にする計り知れなさに加えて、人間の持つ欠陥や自らの課題への不適切な対応振り（すなわち、可能性に目を向けることができず、自分たちの狙い通りに効果的に活動できない）を象徴しています。人間は自らの盲目さのために無気力になります。無気力である人間の選択肢は限られています。ただし、いずれにしろ、たとえ彼らは見捨てられても、目障りでまったく役に立たない資源ではなく、目を見開いて注視し、そして見つめているパイロットもいないわけではありません。「技術的」な要素や「宗教的な」要素は、自然と同じように不可解な振る舞い方をします。つまり、着陸するまで、どこに着陸するのか誰も確信が持てないのです（ただし、それはウエルベックも述べているように、もはや時計を巻き戻せなくなるまで、という意味ですが）。

ウエルベックは、その称賛に値するほど自覚的かつ率直に、頑なで純朴な人間が希望を抱き続けないよう、希望を持つことのむなしさを強調しています。物事を説明してもそれを変えられず、何が起こるか予測してもその発生は防げないとウエルベックは主張しています。それでは私たちはとうとう後戻りできない地点まで来てしまったのでしょうか？　フランシス・フクヤマ（一九五二―　）の（「歴史の終わり」という）判断は、その根拠が否定され、嘲笑されてもなお正しいと言えるのでしょうか？

ただ、私は、ウエルベックの根拠や見通しのリストにほとんど同意していても、その見解には疑問を持っています。ほとんどというのは、そのリストに真理が含まれていても、単なる真理であって、完全な真理ではないからです。ウエルベックの記述からは非常に重要なことが省かれています。というのも、私たちが現在連れてこられた地点は後戻りできない地点ではないという、（正しくも！）脚色された見通しの持つ空々しさに対する責任は、政治家や個々人の心理的な弱さだけに帰せられないからです。しかし、あなたは確かに私の承認と留保が何に由来するか気づいています。なぜなら、あなたは権力（物事を行なう能力）と政治（実施する事柄を選ぶ能力）の分離が迫りつつあると指摘しているからです。

本当のところ、ウエルベックの失望と敗北主義は二層の行為主体の危機に由来しています。そのうちの上層の国民国家のレベルでは行為主体が危険なくらい無力化しており、その理由は、かつて国家の政治と緊密に結びついていた権力が今や蒸発してグローバルな国境を超えた「流動の空間」となり、いまだに根強い国家の領土政治の到達範囲をはるかに超えてしまっているからです。国家機関は本来、グローバルな場で生み出された諸問題にローカルな解決策を見つけ提供する役割を背負っているにもかかわらず、今では権力不足のためにその役割を担いきれず、残りの資源や、縮小しつつある実行可能な手段を動員してもこうした課題を克服できません。こういう事態に対する広範に広がっている絶望的な反応は、これまで近代国家が行なうことを期待され、実際に行なってきた(めったに成功することはなくても)数多くの役割が一つずつ取り払われていることです(国家の正当性は依然として継続的な成果を挙げるという約束にかかっていますが)。そういう形で次々と放棄され、取り払われている役割はもっと低い層、すなわち、「生活政治」の領域に移されており、そこでは各個人が、立法、行政、司法当局を合わせて一つにしたような怪しげな役割を担わされています。今や「法令上の個人」が、そのスキルや資源を持ち寄って、社会的に生み出された問題にそれぞれ個人的な解決策を工夫し、実行するよう求められているのです(これがようするに、依存の深化を自立の進展であるかのように装い、そういう名前をつけるプロセスである、今日の「個人化」の意味です)。上の層と同じく、下の層の課題も、それらを実施するために手にし、活用する手段とは大きく食い違っています。それゆえ、個人は救いのなさや無力感にさいなまれながら、取り返しがつかないほどの敗北を非難され、非常に強烈な波に翻弄されるプランクトンのような状態に陥っているのです。

圧力の大きさと防御の脆弱さのギャップが拡大していく限り、無力感が助長され、勢いを増すことになります。しかし、このギャップが持続することはあ、り、ま、せ、ん。つまり、このギャップが埋められないように見えるのは、未来が現在の流れから推定して「同じより上」として描かれる場合だけなのです。そして、すでに後戻りできない地点に達しているという信念が、必ずしも訂正されずに、この推定に信頼性を与えているのです。ただし、ザミャーチンとオーウェルの未来図《ヴィジョン》の運命が少なくとも示すように、ディストピアは、幾度となく自己否定的な預言に終わっています。

**ライアン**　率直に語っていただいてありがとうございます。これがかつてのユートピア主義とディストピア主義に関する（一九八〇年代の）私たちの議論に立ち戻らせているという事実には驚かされます。これらの二つの文学ジャンルは、現在を越えて考える可能性を開いてくれるものです。すなわち、一方は、努力してみる価値がありそうな、人間の持つ未知の社会性へと想像力を広げてくれて、約束の地を見るよう促してくれるものであり、もう一方は、今日のもっとも不安醸成的で社会破壊的な傾向を下敷きにして練り上げるもので、私たちがやがて永遠に哀れで痛ましい見通ししか持てなくなることを示そうとするものです。セキュリティに憑かれたイリベラル（リベラルでない）デモクラシーの一つの側面であるコンピュータに支援された監視の拡大が、最近のディストピア主義の想像力を掻き立てていることは確かです（ときには絶望を掻き立てていることも）。こうした流れは、『ブラジル』（一九八五）や『ブレードランナー』（一九九二）、『ガタカ』（一九九七）、『マイノリティ・リポート』（二〇〇二）などの映画や、今日の監視に関してはオーウェルよりカフカの方が適切なメタファーを提供してくれるとする法律学者ダニエル・ソロヴの説得力のある指摘[*71]などにも、程度の差こそあれ明らかです。

他方、監視の対象となる未来に対する警戒心が、未来派（それに「ユートピア主義」の言葉を捧げるのはためらわれますが）やデジタルな夢の洪水を堰き止めているように見えます。サイバースペース（電脳空間）という言葉が、通常の時間や空間や政治を超えた、ヴィンセント・モスコのいわゆる「神話的空間」をとらえていることも確かです。彼はそれを「デジタル・サブライム」[*72]と名づけています。一九七八年のシリコン・チップの発明以降、技術的なユートピア主義者は「マイクロ・エレクトロニクス革命」や「情報社会」を囃《はや》したてており、また情報時代の起業家の象徴的存在である（故）スティーヴ・ジョブズらはスーパーセレブの地位に上り詰めました。数多くの専門家はいまだに、可能な世界のうちでも最善のものはデジタルだと考えているようです。このことはデモクラシーや組織、エンターテインメント、そしてもちろん、セキュリティや軍事関連の事項にも当てはまるものです。これらの分野ではもちろん監視は重要な存在です。たとえば、アメリカのS・F・マレー少佐が語っているように、今日の戦闘の指揮は「見て、視覚化し、観察し、発見する能力」[*73]に始まります。

しかし、あなたの仕事の中には、デジタルな夢の持つ浅薄さを露わにするような、いわゆるユートピア的思考とはまったく異なる深さが見られます。『社会主義――活動的なユートピア *Socialism : The Active Utopia*』というあなたの著作から私が思い出したものを、私は調べてみました。そこであなたは次のように語っています。

人々が連なる丘に登るのは、その頂きから処女地を発見するためであり、決して満たされることのない超越の精神によってその探索に駆り立てられるのである。それぞれの丘の連なりの先に人々は終着点の持つ穏やかさを見つけたいと望む。だが、彼らが見出すものは始まりの持つ興奮である。今日も二千年前と同じく、「見えるものに対する希望は希望ではない。今目にしているものを誰が望むだろうか？」（パウロ、ローマの信徒への手紙八：二四）。[*74]

「決して満たされることのない超越の精神」については私も同じ意見ですが、あなたが語っている（あるいはおそらくパウロが語っている）「始まり」と「終着点」に、私たちが考える以上の共通のものがあるのでしょうか。原初的なものに刻み込まれている穏やかさは将来満たされるのかもしれませんが……。

そうした考えがどこに向かおうとも、私は、あなたが語っていることから、ユートピアとディストピアの思考が依然として想像力に富んだ批判の拠り所となるのではないかと考えます（情報と監視に関する見解を提示しているものも含めて）。あなたと同じ立場に立っているキース・テスターが、あなたの「ユートピア主義は、常識や疎外や残忍な権力による現実の固定化に対抗する世界を批判的に切り開こうとする可能性の応用である」[*75]と語っていることに、私も共感を覚えます。あなたの仕事に私が勇気づけられるのは、あなたが、この世界はこの通りである必要はなく、やがて自然で明白で納得のいくようなオルタナティヴが生まれるはずだということを示しているからです。*76 数年前のムンバイにおける「世界社会フォーラム」の際、私はさまざまな国から来た数千の人々が「別の世界は可能である……」というスローガンに鼓舞されていることにも感激しました。

セキュリティの小間使いを装った監視に関して、こうしたことは実に示唆に富んでいます。街頭の無機質な電子の目や、広範囲のデータ収集、しだいに水かさを増す個人情報の流れはそれぞれ、膨大なリスクに対する合理的な反応とみなされています。私たちは、なぜなのか？ 何のためなのか？ と問いかける声に懸命に耳を傾ける必要がありますが、こうした流れの行き着く先について何かお考えはありますか？ 誰かが「この世界が抱える病とは何か、その病にどう対処すべきかをめぐって、別の考え方があるのではないか？」と語るのを聞きたいと願っているのですが、なかなか聞けないのです。

**バウマン** お許しいただけるなら、もう一歩だけ話を先に進めたいと思います。私の考えでは、その一歩は重要な一歩であり、そしてまた最終的な一歩です。その一歩は、もっとも深くて常にうねっていて、涸れることのない私たちの休息のなさ（restlessness）の源泉であり、さらなる監視への欲望が一つの意思表示にすぎないものの、もっとも目覚しくて示唆に富むものの一つへと私たちを導くものかもしれません。すなわち、人間の、あまりにも人間的で本来的な超越に対する衝動は快適さと便利さに向かう衝動であり、悩みも退屈もない、完全に透明で、驚きも不可解さもなく、不意打ちを食らう状態に連れ戻されることもなければ、そういう状態に置かれたりすることもない場所への衝動です。そこは不慮の出来事や事故がなく、「予期しなかった結末」や運命の反転もない世界です。そうした究極の心身の平和こそ、「秩序」という人気があって誰もが理解できる概念の核心だと思います。そうした衝動は秩序を作り、それを維持しようとするあらゆる動きの下に潜んでいます。すなわち、浴室を掃除したり、台所で炊事仕事を行なったり、寝室を整えたり、客間を整理したりする主婦（あるいは主夫）に始まり、守衛に至るまで、そしてまた、入室の権利がある人とない人を区別する受付や警備員、さらには、それが動かないかぎり何も動かない空間を作ろうと奮闘する者に至る人々を含みます。たしかあなたは、不慮の出来事への不安がなくなるイメージにもっとも近い場所はお墓であると（「秩序」のもっとも完璧かつもっとも包括的な具体化）おっしゃっていたと思うのですが。

フロイトはかつて、玄関や通りにより多くのカギや監視カメラを設置するなどの形で私たちが示す不安はタナトス、すなわち、死の本能に由来すると述べました。逆説的なことに、私たちは休息（rest）への果てしない欲望のために休息のない（restless）状態に置かれ、生きている限り、その欲望が完全に満たされることはありません。タナトスによって引き起こされ、浸み込まされたこの欲望は、結局、死によってしか満たされないのです。しかし、ここに見られるアイロニーは、墓地に似た「最終的な秩序」のヴィジョンこそが、私たちを強迫的で中毒的な「秩序構築者」に仕立て、それによって私たちを活動的にしたり、退屈させたり、常に不安な状態において、昨日達成したものを今日乗り越えるよう促すことです。私たちにそれぞれの現実を無秩序なものとして経験させ、改革を求めさせるのが、こうした癒すことができず、飽くことを知らない秩序への渇望なのです。その点で監視は燃料切れの心配がなく、自力で作動する数少ない産業の一つなのです……。

**ライアン** もちろん、私たちは会話を超越の方向に進め、心身の平穏さへの欲望の根源の問題や、飽くことを知らない監視への欲求が皮肉にも死の本能から生じてくるのかどうか問うことができます。こうした疑問は確かに、私たちをセキュリティ・監視産業複合体のはるかかなたに向かわせる一方、なぜそうした産業が栄えるかたわらで、別の産業が衰退するのかについて考える手がかりを与えてくれます。

私にしても、今日のセキュリティに対する強迫観念の背後には「最終的な秩序」のヴィジョンが見え隠れしている、あるいは「休息」に対する欲望が私たち人間の休息のなさと関連があるとする、あなたの考えに同意しない理由はありません。しかし、告白しますが、そうしたヴィジョンが「墓地のようなもの」かどうかについては、あまり確信が持てません（余談ですが、私たちの家は、かつて共同墓地だった公園を見下ろす場所にあります。その墓地は一八一六年に「スコットランド、アイルランド、イングランド」の区画にきっちり分割され、それぞれが長老派、カトリック、英国国教会に対応しており、それぞれの埋葬の儀式が行なわれていました。また、貧しい人々のためには別の区画も用意されていました。埋葬地の歴史社会学は示唆に富んでいます）。

しかしながら、こうした広いカンバスの上に立って、セキュリティと監視の問題にどうアプローチするかについてコメントさせていただけないでしょうか（この後の対話のためにカンバスそのものに関する問題を残すことになるかもしれませんが）？　九・一一だけがセキュリティに対する強迫観念を生み出したわけではありませんが、それがセキュリティと監視ブームに大きく貢献し、関連産業に多大な利益をもたらすと同時に、グローバル・ノース、とりわけ米国の都市部における日常的な監視体制の強化に成功を収めたことは確かです。ここに私が先ほど言及した特別な「サブライム」の例がみられます。「国土安全保障」声明は、デイヴィッド・ノーブルとヴィンセント・モスコが雄弁に語っている[*77]「技術による超越」への賛歌です。新たな技術にはそうした大きな信頼が託されており、それに異議を唱えることは冒瀆や不敬とみなされかねません。

科学と技術によって平和と繁栄を築けるという発想の直接のルーツを見出すにはルネサンスに立ち戻らなければならない、というのが多くの啓蒙思想家が支持した信念です。[*78]ルネサンスはある面でヨーロッパ中世の権威主義的な教会に対する当然の反応でしたが、発明のメカニズムを通じて平和と繁栄の支配をもたらすとする考え方は、平和を求めるのなら公正を求めよという、あなたが引用された長年の信念を覆しました。ユダヤ教のトーラー（律法）では、正義を行なうこと隣人を愛することが平和（あるいは完全で無欠の状態、神と創造と人類の間の正しい関係の印であるシャーローム（ヘブライ語で平和を意味する））の根源です。キリスト教でそれに匹敵するものはイエスの「何よりもまず神の国を求めよ。そうすれば、これらのものはすべて加えて与えられる」です。

したがって私は、平和を手にするために技術や発明、すなわち今日の科学技術の有効性を強調することは、安全の保証を危うくする、間違ったものだと考えています。より大きくて速く、よりセキュリティに寄与する監視技術こそが平和を保証するという考えは明らかに間違っており、他の選択肢を閉め出すことになります。九・一一後の雪だるま式に増大する監視について、私は次のようにコメントしています。

ジャック・エリュールは、バビロンやニネヴェなど古代都市の運命を想い起こしながら、こう述べたことがある。これらの文化は閉鎖的であり、「壁と建造物の中に建設されて、外部の攻撃から守られていた」と。いつの世も変わらぬものである。これに対抗してエリュールは、正義を行い、隣人愛を優先する都市のヴィジョンを提示している。他者に対する応答責任へのコミットメントから平和と繁栄、自由と安全が生まれるのであり、さもなければ間違った優先事項が求められてしまう。これはその出入り口が決して閉じられることのない都市であり、包摂と信頼の場所である。そしてその光が最終的に、今暗闇の中で行なわれているものすべてを払いのけるであろう。[*79]

これらのコメントの後に、私は、排除（バノプティコン）を強化し、恐怖心を培養し、意思決定に秘密のヴェールをかぶせようとする傾向を強める九・一一後の監視の展開に関する分析を続けました。

第５章
# 消費主義、ニューメディア、社会的振り分け

**ライアン**　あなたの研究の中心テーマは、消費主義が拡大して、それが社会的な格差を生み出すだけでなく、アンデンティティ形成の核にもなる道筋を明らかにすることですね。私はあなたの『新しい貧困――労働、消費主義、ニュープア』（原題：*Work, Consumerism and the New Poor*）（一九九八年）が刊行されたとき、それを歓迎した人間の一人です。しかし、私が思うに、ここには、消費者を楽しい経験に誘う一方で、その誘惑が大規模な系統的監視に基づいているというパラドックスがあります。かつてのデータベース・マーケティングの段階ではこの点は明確でなかったのですが、アマゾンやフェイスブック、グーグルの登場に伴って、この技術の現状が示されるようになっています。ただし、トマス・マシーセンは最近の『インターネットと監視 *Internet and Surveillance*』の序文で、その本当の姿がどう隠されてしまっているかについて、次のように指摘しています。「表面下には、インターネットを基礎にした相当な量の目に見えない監視活動の後背地が広がっている……銀行や商店や貿易センターなどに出向くたびに、私たちは必ずといっていいほど膨大な数の電子的記号の痕跡を残している」[*80]と。

セキュリティと監視に関わる緊急課題の検討を度外視して消費の問題に取り組めば、私たちももっと自由に呼吸できるかもしれません。結局、消費は楽しみと自由な遊歩者《フラヌール》の領域なのですから。そう思いたくもなりますが、ここに、連結や分類のため、さらにはプロファイルに基づいて多様な消費者に多様な対処の仕方をするための、大規模な個人データを基にした詳細な管理活動がみられるのも事実です。アマゾンはその「協調フィルタリング」技術によって、私たちに、他の人々がどんな本を買っているのか、それが自分の購入しようとしているものと似ているかどうかを伝えてくれます。あらゆる取引から情報が生まれ、それがさらに消費者の選択の指針として活用されるのです。数年前、私は、消費者への誘いかけに関するあなたの考えと、警察による疑わしい人間の類型化である「カテゴリー化された疑惑（categorical suspicion）」をめぐるゲイリー・マークスの考えを結びつけて、「カテゴリー化された誘惑（categorical seduction）」[81]という混成的《ハイブリッド》な概念を生み出しました。この概念はまだ有効だと思います。

　しかしながら、アマゾンがその「ほしい物リスト」機能を通じて、消費者に、自分がどのように監視されているか、進んで気づかせていることもまた事実です。[82]それは完全に隠されたプロセスではないのです！　したがって、この機能は秘密とはほど遠いものであり、原則として誰でもチェックすることができます。さらにこの「ほしい物リスト」は私たちに、多くの人々がどれほど監視されたがっているかを気づかせてくれます。買い物客の側にもある種の「のぞかれ趣味」が働いているのです。[83]ソーシャル・ネットワーク研究者のダナ・ボイドが指摘するように、のぞかれ魔はソーシャルメディアの遊歩者のようなふるまい方をします。[84] しかし、それにとどまらず、「ほしい物リスト」は消費者に自らを管理し、他人に特定の顔を見せる機会を与えています。アマゾンは、進行中の関係を通じて、そしてまた消費者側に多少管理されているという印象を与えることで、顧客を上手にコントロールしているのです。

言い換えると、アマゾンは結局、必要なデータを獲得しては、その消費者を、イーライ・パリサー（一九八〇― ）がいみじくも「フィルター・バブル」[85] と呼んだ（泡《バブル》に包まれて浮遊しているような）幸せな状態に置くのです。また、各ユーザーがグーグルで同じ言葉を検索しても異なる結果にたどりつくことも、かなりよく知られています。それはグーグルがユーザーのそれまでの検索を基にして、検索結果を洗練させているためです。同じように、フェイスブックで多くの友人を持つ人々は、その交流頻度に基づいて、フェイスブックが詳細を知りたがっていると判断した人々からだけアップデート（更新された情報）を受け取ります。アマゾンももちろん、このモデルにならっています。前述のパリサーの正当な関心は、「パーソナイライゼーション（個人化）のフィルターが目に見えない自動プロパガンダ機能を発揮して、私たちに自分の関心に沿ったものだけを提供してくれて、見覚えのあるものに対する欲望を増幅させる反面、見知らぬものの背後に潜んでいる危険を気にとめないようにさせている」ことに向けられています。

しかし、もっと広い視点で見れば、あらゆる種類のインターネット活用を通じた消費者監視の全体的な効果が、期待に叶う消費者を厳選して彼らにさらなる利益や特典を約束するばかりか、期待に沿わない人々を切り捨てていることが分かります。この点に関連して先ほどオスカー・ガンディの研究に触れましたが、その研究は、企業の実施する「合理的差別」がいくつかの領域で一部の人々に否定的な結果をもたらしていることを示しています。ガンディは次のように述べています。

> 高度な分析が可能にする統計的差別は、格下げや隔離や排除などの不利益の累積に貢献しており、頂点に立つ人々とその他のほとんどすべての人々の間の溝を拡大している。研究者はターゲットを絞ったオンライン広告に支えられたこれらのシステムの活用に焦点を合わせる傾向があるが、その到達範囲ははるかに広範なものである。それは、一連の商品やサービスへのアクセスをカバーしており、そこには金融や住宅、さらにはヘルスケア、教育、社会事業なども含まれている。*86

これらはみな、今日の消費モードとなっている「リキッド・サーベイランス」を例示するテーマなので、あなたはきっと、そのうちのいくつかにコメントしたいことと思います！　しかし、あなた自身の研究に関わる質問から始めてもよろしいでしょうか？　あなたが監視の持つ排除の効果に関心を寄せているために（それには私も心から賛同しています）、ときにあなたは、同じリキッド・サーベイランス・メカニズムがすべての消費者に圧力を加えている事実を過小評価しているように思えます。社会分析は、周辺化され、排除されている人々に特別な関心を向けるべきだとすれば、こうした流れを促進するメカニズムの理解が不可欠なのは確かです。しかし、その同じ監視の権力はさまざまな行動を生み出し、さまざまな集団にさまざまな影響を及ぼしています。マイノリティが不利益の蓄積にさらされるようになるのも、ある面では多数派《マジョリティ》の標準化を通じて、このケースに限ればカテゴリー化された誘惑を通じてではないでしょうか？

**バウマン**　数十年前に発生した消費社会の一大変動（あるいはマーケティング技術年鑑に記録されている大きな飛躍）は、欲求を満たすこと（すなわち、既存の需要を標的にした生産）から、魅惑し、誘惑し、大きな刺激を与えることを通じて欲望を強化することによる、欲求の創造（すなわち、既存の生産を標的にした需要）への転換でした。この戦略的な転換の結果、大きな進展がもたらされたものの、コストの著しい上昇を伴いました。すなわち、「需要を創造する」（すなわち、獲得して所有することへの欲望を目覚めさせ、維持する）には、多大な支出を続けることが必要なのです。コストは原則として削減できません。市場に投入される各新製品に対する欲望は、事実上ゼロから掘り起こす必要があります。欲望は常に絞り込まれ、具体的で、他に移動できないものだからです。

ところが私たちは現在、ヘーゲルの三段階の弁証法の第三段階〔正反合の三段階の最後の統合の段階〕を経験しつつあります。提示される商品に満足を求めようとする非常に根強い傾向や、「新しい」を「改良された」とみなそうとする全体的な傾向、さらには、そうした誘惑に即座に反応するほど「成熟」するのはいつかを突き止める記録保持技術の高度化を考え合わせると、一つの重大な転換が起きている可能性があるのです。その重大な転換とは、それらの商品を熱烈に受け入れようとする人々だけを標的にすることです。それによって、既成のマーケティング戦略の中でももっともコストがかかっていた欲望の喚起という作業がマーケティング予算から削られ、消費者の側が担うことになりました。先ほどの監視の例に見られるように、商品のマーケティングはよりいっそうDIY的な作業になりつつあり、その結果として生じる隷従はよりいっそう自発的なものになっています……。私がアマゾンのサイトに入るたびに、「おすすめ商品です、ジグムントさん」という一連のタイトルに迎えられます。私が過去に購入した本の記録を念頭に置けば、私がその本に引きつけられる可能性は高いと言えます……。そして、たいていそれを購入することになるのです！　私の従順かつ軽率ともいえる協力のおかげで、アマゾンのサーバは私の好みや趣味を私よりよく知っています。もはや私はそれらの提案をコマーシャルとは考えておらず、書籍市場というジャングルを進むための親切なガイドとみなして感謝しているのです。そして新たな本を購入するたびに、彼らのデータベースの中に収められている私の嗜好を更新して、自分で将来の購入の方向を定めているのです。

マーケットの出来合いのニッチを標的にすること、すなわち、予備的な投資を必要とせずに即効を約束する方法は、とくに監視技術の動員に適した分野です。まるで、そのために作られたかのように、最近急速で注目すべき監視技術の進歩が記録され、近い将来より急速で注目すべき監視技術の成長が予想されるのが、この新たな最前線上なのです。あなたが適切に指摘されたアマゾンの例は本当の意味で先駆的であり、繰り返せば、マーケティングの歴史におけるヘーゲルの三段階の弁証法の最後の一コマの幕開けです。その他の企業もアマゾンに追随しており、さらに多くの企業がその戦列に加わろうとしています。マーケティング監視のツールは研ぎ澄まされ、さらにその拡散の過程で調整を施されています。たとえば、フェイスブック上で行なわれているマーケティングにおいては、商品を提示される側の個人的な偏愛に対する不愉快な言及はなされず、代りに、個人の自由を支持する者への当たり障りのない「社会的に正しい」言及（たとえば自分の友人の嗜好や好きなものを獲得したことへの言及）がなされています。実際のところ、意図的で露骨なくらい的を絞ったパノプティコン的な企てが、寛容で連帯の旗印の下に運営される社会的に親しみやすいシノプティコンを装っているのです……。

もちろん、こうしたターゲティング（標的の絞込み）は完全に成熟した消費者にしか適用されません。それを欠陥のある怠惰な消費者、すなわち、「効果の疑わしい人間」（バノプティコンはそれを見つけ出し、狙いを定め、はじき出すよう設計されている）に適用するのは、資源の無駄遣いに他ならないでしょう。消費者監視の分野でのパノプティコンやシノプティコンによる監視は、バノプティコンによるグラウンド清掃作業が終わった段階で実行に移されるのです。

**ライアン**　おっしゃる通りです。そして、これが、あなたの「リキッド・モダニティ」の定理が非常に監視研究に適しているもう一つの理由です。消費主義が支配している場では、いわゆるソーシャルメディアの社会性もかなり限定的なものです。[*87] あなたが言われるとおり、それらは誘いかけるように掲げられた連帯の旗印の下のシノプティコンと解釈できるかもしれません。電子機器に駆り立てられるリキッド・モダンの消費者は、楽しみを求める傾向があります。事実、私はかつて、ある学生が「私たちには楽しむ権利があります」と訴える（奇妙な会話が続く中で）のを聞いたことがあります。ソーシャルメディアが提供し、私たちがマウスをクリックするたびに自らの趣味嗜好や偏愛をその中に吹き込んで膨らませるフィルター・バブルは、逆説的な意味で外交性の一形態であり、公的なものへの欲望でもある、リキッド・モダンの消費者の「内向性」を増殖させるだけです。

私が思うに、このことは西洋文化の長いプロセスと関連があります。西洋文化においては、窃視症《スコポフィリア》（のぞき趣味あるいは露出趣味）が監視活動の偏在の拡大と結びついており、いくつかの顕著な影響をもたらしています。そして消費者による自己監視への明確で自発的な関与にも関心が集まっています。私たちがアマゾンを例に挙げて指摘したように、私たちは、いわば内側から、このプロセスの魅力を完全に理解できます。しかし、自分の個人情報に対する無頓着さと批判的にも解釈できるこうした現象が、私たちを自らのデジタルな社会的人格《ペルソナ》の移動に関するより大きな自己満足に導いているのではないかと、私は思うのです。カウンターの背後の人物がなぜ私たちの電話番号や免許証、郵便番号を尋ねるのか、なぜ取引が終わる前に機械がより多くのデータを要求するのか疑問を抱くよりも、私たちはそれが自分の利益になるに違いないと推測してしまいがちです。たとえば、今や広範に広がっているチェーンストアや航空会社その他の「ポイントカード」（やマイレージカード）の使用に関する最近の国際的な調査によると、人々はそれらの使用とプロファイリングの結びつきを「知らない、もしくは関心がない」そうです。[88]

しかし、それだけにとどまらず、私たちのマーケット・カテゴリーをしだいに一人の消費者のニッチに変えようとしているフィルター・バブルは、同じ選別によってフィルター（篩い分け）されてしまう他人に対する無関心を促します。人々が消費者のオンライン・プロファイリングについて「知らない、もしくは関心がない」とすれば、彼らが、欠陥のある消費者の「マーケティング対象からの排除（demarketing）」（やや乱暴な言い方）だけでなく、消費パノプティコンのことをあまり知らないのも無理はありません。個人的なプロファイルを基にした基本的サービスからはじき出された人々を切り捨てるものや、都市の一部地区を高く見積もって他の地域を悪者扱いする、都市空間に潜んでいるもう一つのパノプティコンについては言うまでもありません（前の話と結びついています）。ステフェン・グラハムが指摘するように、米国のいくつかの都市や、遠くはアフガニスタンなどその他の地域の都市もまた住民のプロファイルに基づく「戦闘空間」となっており、その結果、標的となっています。[89] そしてここでは軍と市場が、米国の国際政治学者ジェームズ・ダーデリアンが「軍・産・メディア・エンターテインメント複合体」[90]と呼ぶような形で協力し合っているのです。

したがって、すべてがこういう形の快適さ重視型の消費者監視の世界は、もっと全般的な監視との奇妙な結びつきを裏づけているかのようです。それらは互いに支えあいながら、互いに高めあっているのです*91……。

**バウマン**　確かに技術は移転することが可能であり、他の多数のケースと同様、このケースでも抜け目なく移転がなされています。ただし、新しい（拡大され、その結果、さらにぞっとするような）「複合体」のどの部門が先駆的な役割を果たしているかを判断するのは容易ではなさそうです。比較的最近の冷戦の時代や、その後の意欲的であったものの最終的には破綻した世界帝国による軍事的冒険の時代にもっとも叫ばれたのは、軍事部門を優先すべきというものでした。現在表明されている各国の政策の中では、治安が引き続き重視されていて、それが以前にも増して国家の正当性の拠り所となっており、それに比べると、「複合体」の内部における商業分野（「メディア・エンターテインメント」も含む）への重心移動という「事実」は二の次のようです。

この分野の現状についてはあなたの方がよくご存知のことと思いますが、大規模企業の研究開発部門は現在、トップシークレットの軍事兵器の開発よりも、監視装置と監視戦略の開発の方を優先させようとしているのではないかと私は思っています。手元に統計はありませんが（私よりも深くこの問題を研究されてきたあなたに、これもお任せします）、実を言えば、今日この分野に巨額の資金が投下されているだけではありません。この経済不況下で予算が切り詰められ、削減されているヴェンチャー・キャピタルにあっても、監視に関わる研究開発部門は「予算削減なし」の数少ない部門なのです。

無言か声高にか、意識的にか偶然にか、意図的か過失によるものかはともかくとして、監視される側の監視業務に対する多大な協力によって、彼らの「プロファイリング」が促されていますが、私はそれを「見られることへの愛」によるものだとは思いません（少なくともそれが一義的なものだとは思いません）。よく知られていることですが、ヘーゲルは自由とは、学び取られ、承認された必然性であると定義しました……。自らを記録に収めようとする情熱はもっとも重要なものであり、おそらく、私たちの時代において、もっともあからさまなヘーゲルの原理の一例です。そこではデカルトのコギトが更新されて、新バージョンの「我見られる（監視され、注目され、記録される）、ゆえに我あり」となっています。

インターネットの登場に伴って、かつての少数の訓練を積んだ大胆なグラフィティ・アーティストによる夜間のいたずらであった、見えないものを見えるようにし、放置され、無視され、歴然と見捨てられていたものを表面化させる行為、ようするに、人の世界内存在を議論の余地のないものにする行為は今では誰もがこぞって行なうものになりました。あるいは、バーミンガム現代文化研究センターのディック・ヘブディジが十数年前に行なった説明を想い起こせば、不可視性や忘却から自らを解き放ったり、隘路を打開したりして、よそよそしくて無愛想な世界に足がかりを求める仕事を、インターネットが引き受けようとしているのです。こうした背景を考えれば、フェイスブックの助けを借りて世界内存在を獲得することには、落書き《グラフィティ》を塗りたくることに勝るメリットがあり、手に入れにくい技能を求める必要がなく、合法的で公認され、尊敬される「リスクフリー」な状態（警察からしつこく監視されない）にあるのです。それらの衝動は似たり寄ったりであり、入手しやすさと取り扱いやすさを向上させたり、増大させたりする道を切り開く手段です……。必然性に身を任せればそれも楽しみに変わるのでしょうか？

くだんの衝動も、インターネット以前の時代にまさるとは言わないまでも、それと同じくらい巨大で圧倒的なものであり、それは華やかで魅力的なイメージを持つ市場《バザール》のさなかで置き去りにされ、見放され、目に見えない存在であることを強いられているという広範な感覚から生じています。それは、『ル・モンド』紙の最近の記事を引用すれば、「諦めの交った怒りと憤りに満ちた絶望感の間を揺れる」感情を生み出しています。私はこの最後の記述によって、「ＤＩＹプロファイリング」活動の目覚しい成功の最大の原因となったものこそ、そうした衝動や感情だと確信しています。

第６章
# 監視を倫理的に検証する

**ライアン**　これまでの対話の各テーマから浮かび上がってきたものは、監視の適切な分析をめぐる問題、すなわち、それはリキッドなものか？　それはどんな変化をもたらすのか？　といった問題だけにとどまりません。そうした分析に付随する、あるいはそうした分析に含み込まれている、形成上の問題や根強い倫理的な問題も浮上してきています。今日の監視に対するもっとも高名な告発者の一人であるゲイリー・マークス（一九三八―　）は、一九九八年に「新しい監視」には倫理が必要であると主張しました。[*92] それがこの分野における数少ない「倫理」への言及であるがゆえに、少なくとも、彼がこの分野で何らかの変化を起こそうとしているとして、よく引用されます。マークスは、急激な技術の変化が監視の分野に重大な影響を及ぼしているがゆえに、古い形の規制を見直す必要があるとも指摘しています。

言い換えると、マークスの賞賛に値する仕事は、監視の拡大に対する法的な介入や規制の指針になっています。彼は、人間の尊厳に重点を置くと同時に、人々が監視されていると気づいているかどうかにかかわらず、それに伴う損害の回避を強調し、規則に転換できそうなその他の広範な諸原則を強調しています。マークスの監視研究は、開発途上の分野であるがゆえに非常に意義があります。マークスは、彼のいわゆるカテゴリー化された疑惑について、いつソフトウェアと統計が警察の興味を寄せる人物の特定に役立つかといった、より日常的で個人的なものと並行して検討しなければならないと最初に主張した一人です。[*93]

マークスの倫理的諸原則は広範なものですが、それには、別の実践のあり方も可能だという期待を持って、具体的な状況を示せるという利点があります。しかし、私はといえば、まったく別のレベルで直面しなければならない倫理的問題があるのではないかという、悩ましい感情を抱いています。私たちがこれまで語り合ってきた、新たな監視技術に伴う「害」や苦痛とは関係のない領域の中に、この議論を浮かび上がらせようとしないと、技術を媒介にした監視が私たちの生活を日常的に包み込む中で、私たちは根本的な倫理的諸問題に直面することになると思います。

ここで、しばらく時間を遡ってもいいでしょうか？（一九五〇年代以降の）もっとも初期の「サイバネティクス」の夢が、「サイバースペース（電脳空間）」とその仲間である監視にたどりついたのは明らかです。私が思い浮かべるものの中心には、工業生産のために求められ、全般的な管理へと移行した後、二一世紀の組織化の基本戦略として一般化されたフィードバック・ループによる管理があります。ジル・ドゥルーズとデイヴィッド・ガーランドが増大する監視を、それぞれ「管理の社会」と「管理の文化」と関連づけて考えていることには、正当な理由があるのです。[*94]そして、固定された空間と囲いの中で作動するパノプティコンの逆をいくかのように、管理のあり方がほとんど液状化してしまっている一方で、ベンサムの最愛のモチーフはまだ目に見える状態です（あるいはそれを露わにし、白日のもとにさらそうとする勇敢な人々によって可視化されているのかもしれません）。

さてこれからの話の一端は、キャサリン・ヘイルズが辛辣に述べているように、情報がどのようにしてその身体を失ったかということです。[*95] 一九五〇年代に芽吹いたサイバネティクスは、ようするに情報は数量化して商品化するものだとする、情報の新たな定義と結びつきました。戦後、コミュニケーション理論家たちは、メーシー会議の名で知られる大西洋をはさんだ一連の「サミット」会合に参加して、情報はこの急速に拡大する分野でどう解釈できるのかをめぐって徹底的に議論を交わしました。この重要な会合に英国から参加したキール大学のドナルド・マッケイは、情報は意味との実証可能な結びつきを持たねばならないと主張したものの支持を得られませんでした。それに対して、米国の情報理論学者、とりわけ、クロード・シャノン（一九一六―二〇〇一）は、「情報」は、コミュニケーション理論の中で徐々に一つの実体として使用されるようになる結果、その人間的で意味のあるオリジナルから解放されると述べて支持されました。

このことを、今日の監視の現実の中で考えてみましょう。身体は、耳障りですが適切な言葉にすれば、しだいに「情報化」されています。数多くの監視状況の中で、身体はデータに還元されており、なかでももっとも著しいものが国境における生体認証の活用を通じたものです。こうした一般的なケースで、その目的とするところは、身体の、実際にはその人物のアイデンティティ

（身元）を明らかにし、国境を通過させる許可を与えたり、与えなかったりすることです。これらの身体についての情報は、まるでそれがその人物のアイデンティティを決定する上で不可欠であるかのように扱われていると言わざるをえません。そうした識別がなされても、さらに、その指紋や虹彩がシステムに登録されているかどうかに関心が向けられ、その一方で、イルマ・ファン・デル・プログが「身体的な統合」と呼ぶものは無視されます。*96 これは身体を消失した情報が生身の移住者や政治的亡命希望者らのライフチャンスにどれほど重大な影響を与えるかを凝縮した物語なのです。*97

ところで、これは、あなたが道徳的中立化について語っていること、すなわち、技術的な手段を通じて倫理的評価を免れる行為に、もう一つのひねりを加えているのではないかと思います。電子的な媒介によって、行為者《アクター》とその行動の結果の距離は、デジタル化以前の官僚制が想像していたよりも拡大しています。しかし、それが、その人物から自由にこじあけられる「情報」という、古臭い概念に基づいていることも事実です。私は道徳的中立化がこうした事態の本質であると思うがゆえに、これは絶好の出発点だと思います。しかし、その前に、他の目的、いわば配慮《ケア》の倫理の視点からこれらの諸問題にアプローチしてみたいと思います。監視を道徳的中立化とからめて検証することから始めてもよろしいでしょうか？

**バウマン**　デイヴィッド、ゲイリー・マークスによってシグナルが送られたもの以外の監視とモラルの接点（さらに重要でさらなる注目に値する接点を含めて）をめぐるあなたの直観は要点をおさえている上に、正しくて、しかもタイムリーです。いずれにせよベンサムは、誘惑こそパノプティコンが望ましい行動を引き出すカギであるなどとは考えもしませんでした。パノプティコンの道具箱にはアメはなく、ムチだけだったのです。パノプティコン方式の監視は、選択肢を除くことで指示に従わせる道が開かれると想定しています。それに対して、市場に配置された監視は、（強制ではなく、誘惑を通じた）選択の操作こそ、需要を通じてオファーを明確にするもっとも確実な方法だと想定しています。操作される側の積極的な協力、いやむしろ熱狂的な協力こそ、消費市場のシノプティコンが動員する最高の資源なのです。

以上は余談ですが、あなたの質問に対する舞台を設ける上では適切なものでしょう。全体を分解してスライスし、粉々に砕いてから、再構成できる（それと同時に、再調整を施し、組み立て直して、異なる「全体」にする）特徴の集まりにすることは、何も警察や国境検問所の専売特許ではありません。またそれは全体主義権力の性癖でもなければ、もっと一般的な、権力に憑かれた体制の性癖でもありません。省みれば、それは（差別化や分類やファイル化への強迫観念で知られる）近代的な生活様式の一般的な特徴であったものが、今日のリキッド・モダンの消費者社会への転換の過程で戦略が根本的に変化したために、大規模に配置し直されているのです。つまり、それはマーケティング戦略に「自由な選択」を組み込むための配置換えであり、もっと正確に言うと、自発的隷従をもたらし、服従を自由の前進や選択者の自立性の証明に仕立て直そうとするものです（私は別のところでこのプロセスを説明しており、それを「主体性フェティシズム」と名づけています）。*98

いささか極端でとまどいを覚えるほど露骨なものかもしれませんが、かなり特徴的な例が、交際相手紹介業者《デーティング・エージェンシー》が用いるおなじみの手法であり、肌の色や髪の色、身長、バストサイズ、関心事、趣味など顧客が述べる項目に従って、望ましい相手を選別するものです。その暗黙の前提は、パートナーを求める人々が、業者の支援に基づいて、それらの特徴を選択した後でそれらを構成し、構成できるということです。しかし、「再構成のために解体」する過程で、重要な何かが視界と頭から消え、すべての実際的な意図や目的も失われていきます。つまり、「人間としての人格」や、道徳性を持った「他者」、自らの権利の主体、私の責任の対象が失われてしまうのです。デイヴィッド、あなたがここで懸念を抱くのは当然です。一人の人間が色や大きさその他に従って選ばれる生活必需品のように取り扱われるとき、道徳的中立化はいわば全開状態となり、もっとも破壊的な状態になります。それらの特徴の集まりが、生命のあるなしにかかわらず、その取り扱いに道徳的な判断が必要な対象になることなどめったにありません。たとえ表向きの目的は異なっても、交際相手紹介業者にも、監視機関と同じ尺度が適用されるのです。その明確な機能がどのように働こうとも、その潜在的で取り外しできない機能は、道徳的義務の世界から、道徳と関連のある実体や、分解・組み立て直しの対象を排除することです。言い換えれば、それらの処理を道徳的に中立化するのです。

**ライアン**　ここでもあなたがおっしゃることは正しいと思います。しかし、皮肉なことに、監視、すなわち、「誰か」が私を見張ることは、リキッド・モダンの移ろいやすく不安定な生活の中でかなり評価され、もてはやされています。しかし、〔穏やかな言い方をすれば〕残念なことに、その「誰か」はほとんどの場合「何か」です。そして、ソフトウェアと統計技術によって振り分けられる、身体から切り離された情報も何かです。これは二重の道徳的中立化の産物であるがゆえに、カテゴリー化のプロセスから責任が除去されるばかりか、そうした情報概念そのものが、その目的がデートか殺人かにかかわらず、カテゴリー化されるものの人間性を希釈することになります。

言い換えれば、それらの協同作業のフィルターと、皮肉なことに、それらのリレーショナル・データベース〔複数のテーブルから成り、共通のフィールドを関係づけて操作するデータベース〕は、ある種の環境下で私たち人間の関係性を否定するか、少なくとも覆い隠す傾向があります。レヴィナスが教えているように、私たちの人間性は、他者の顔の中でのみ、実のところ、私たちの他者への責任／応答可能性（responsibility）を認めたときにのみ発現されるがゆえに、そうした関係性を引き裂き、あるいはもっと巧妙な形で、それを徐々に侵食するかに思える監視システムには、何か非常に心をかき乱すものがあるのです。しかし、多くの人々が同意するように、近代的な監視への転換点の一つがパノプティコンと呼ばれる恐ろしい建造物の建築図面であったとすれば、私たちは、こうした事態を予想していたのではないのでしょうか?

ジェレミー・ベンサムは、多くのキリスト教関係者を含む人々〔罪人を世界の果ての流刑地に送ることを支持した人々はもちろん〕が刑罰を科す場所が適当でないという意見に賛同していた時代の世俗の監獄改革運動家でした。ベンサムはこのことを意識していたばかりか、すべてを見通す神の目に関する聖書の『詩篇』一三九の一節を引用することで、自分のプランに対する批判を押さえ込もうとしたのではないかと思います。しかし、ベンサムの神の目についての解釈は、目に見えない、不可解で懲戒的な神の示す明らかに管理的で道具的なまなざしだけを強調しています。ベンサムは、視野の狭い合理的な啓蒙思想のまなざししか念頭になかったのです。

この『詩篇』の一節をもっと公平に解釈すれば、もう一つのまなざし、すなわち、支え、保護する関係的なまなざしが明らかになります。それは「そこにおいでになって、その手で私を導き、右の手で私をとらえて下さる」（『詩篇』一三九：一〇）ものです。ここには確実に道徳的な方向性があり、この文脈から連想されるものは、友人や父親の持つ暖かく見守る目です。私は、ベンサムとは異なるこの一節についての解釈の中に、重要な配慮《ケア》の倫理の萌芽を見出します。これは、必ずしも、あるいは何よりもまず、オルタナティヴな監視実践を求めようとするのでもなければ、それらの実際の効果を明らかにするために既存の行動を検証しようとするものでもありません。これは、ルーカス・イントローナが、スクリーンの持つ遠隔化の効果がどのようにしてあるカテゴリーに収まるもの以外のものを「除外する」ことで他者の「顔を消す（de-face）」かを示す際に行なうものです。[*99] 私はそうした「開示的な」倫理の中に、本当の希望を見るのです。

**バウマン**　あなたがおっしゃるように、ベンサムの啓蒙のまなざしが視野の狭いものだったのかどうか、私は確信が持てません。結局、それは啓蒙思想のもっとも核心的で実のところ典型的な教義である、世界のさまざまな事柄を人間の管理下に置き、摂理（「盲目な」運命、「ランダムな」偶発性）を、偶発事や曖昧さ、両義性、一貫性のなさの敵である理性に置き換えることと完全に一致しています。ベンサムのパノプティコンは啓蒙の精神を建造物にしたものだと言いたくなるほどです。

先ほどの啓蒙の教義の持つ二重性のうち、あまり宣伝されていなくても際立った側面は、「一般民衆」（「民衆」や「大衆」など、さまざまな呼び方がなされている）を道徳的に無知で無能力だと想定していることです。つまり、ルソーが（なぜかあまりにそっけなく）公言しているように、民衆には解放を強制しなければならないのです……。道徳の十字軍は、民衆の疑わしい道徳的衝動よりも、彼らの服従心や貪欲さをあてにする必要があります。気まぐれな運命に対する戦争への自発的な参加を期待できず、その賭け金が選択の自由の保証ではなく義務の成文化にあるのはこうした理由によります。だからこそ、ベンサムや、「悪魔の碾き臼」の開拓者、機械を操作する者を機械の奴隷にする科学的管理法の発明者フレデリック・テイラーは、自らを道徳の代理人であり、促進者であり、執行機関であると心から信じたのです。それは『詩篇』一三九：一〇の二つの解釈、すなわち、見守ると同時に、正しい方向に導くという意味に基づくものでした。道徳を確立することは、他のすべての企てや端緒となる行動と並んで管理者の課題であり、特権なのです。それは、ジェレミー・ベンサムとヘンリー・フォードの口を通じて語った、ジェームズ・バーナム（一九〇五―八七）の『経営者革命』（原題：*The Managerial Revolution*）（一九三九、邦訳は一九五一）が口火を切り、記録した管理者の経営理性だったのです。

しかし、今日、私たちはバーナム方式に従っていた管理者の独裁的で倫理的な野望を廃棄しています。私たちは経営革命マーク2の結果として、それを廃棄したのです。経営革命マーク2のおかげで、経営者は管理や統治のためのよりよい方法（コストがかからず、負担も少なく手もかからなくて、もっと利益があがりそうな方法）、つまりは管理の責任を管理される者に負わせ、それらを維持する作業を借り方から貸し方へ、負債から資産へ、コストから利益へと移転する方法、その任務をその作業の末端の受け手に「補足させる」方法を発見したのです。この方法はイケアの例で有名であり、それは、工場で生産された部品の組み立てを顧客に委ね、その仕事に報酬を支払う代わりに、達成感という名誉を与えているのです――しかし、それは今日の支配と服従の関係のパターンを形成する際に以前にも増して広く配置されている原則です。

ルーカス・イントローナについてあなたが最後のパラグラフで語っているそれらのパターンの再倫理化のための方法は、まだ試行段階にあると言えるくらい、大胆で有望なものです。しかし、過去の間違った夜明けと苦い目覚めの連続の中から私たちが学んだように、「配慮《ケア》」と「依存」、そして「自由」と「放棄」を分ける線についてはさまざまな議論があることを、決して忘れないようにしましょう。それぞれが明らかに対立するように見えても、本当は同じ関係の切り離せない一対（実のところ補足的な）なのかもしれません。簡単に言うと、監視は「配慮《ケア》への適用」を表明することで、道徳的な後ろめたさを免れようとするのかもしれません。しかし、それは代償を伴うものであり、まったく道徳的に潔白ということはありません。監視であることを止めなければ、そしてそれが正当にも結びついている道徳的な疑念を払わなければ、それは避けられないのです。私たちは依然として、相反する欲求を叶えようとしているのです……。たとえ、技術革新に伴ってそれを解決する方法が見つかったと表明されたとしても。

第７章
# 行為主体と希望

**ライアン**　ここまでの対話を読み終えた上で、何度か登場したものの深くは論じなかった問題について、ここで真正面から論じてみたいと思います。よろしければ、これらの問題を「行為主体《エージェンシー》」と「希望」という言葉にまとめさせて下さい。最初の言葉は監視にとって非常に重要であり、二〇〇一年のペーター・バイルハルツに対するあなたの見解、*100 すなわち、グラムシが私たちに示した、人々は社会の機能の仕方をよく意識しており、社会構造がどれほど強力そうに見えても、人々を単なるその犠牲者とはみなせない、という見解と結びついています。監視研究の中には、人間は官僚機構の網の目にとらえられ、カメラのレンズに捕捉され、自分の携帯電話によって追跡されるだけの存在だと指摘しているものもあります。それでははたして、どこに行為主体を見出すことができるのか、どこでそれを育くむことができるのでしょうか？

第二の問題は第一のそれと結びついており、ここでもグラムシに従えば、あなたの仕事は、物事をどう変えられるかを指し示しています。人間は変革を起こすことができる存在であり、それを実行に移し、箱の外側のことを考え、ときには歴史の流れを変えて、それを公正や連帯の方向に向けることさえできます。現在の状況をめぐって、権力が流動的な空間の中に消失していると か、米国国土安全保障省が非常に人種主義的な政策や実践を促進し、その網を広く投げ込むこと に成功した結果、私たちはみな「カテゴリー化された」容疑者とみなされているとか、はたまた 私たちの個人情報の管理の全般的な喪失という状況にもかかわらず自己満足が増大しているな ど、あらゆる言い方がなされていますが、だからといって、私は希望がすべて失われているとは 思いません。しかし、そうした希望の根拠は何なのか？　そして、それは、あなたが人間的な生 活と非人間的な生活の間の重要な選択と呼ぶものにどう貢献できるのでしょうか？

**バウマン**　私たちが本当に「すべてが失われてしまった」と信じた場合に限って、それは真実に なります（シカゴ学派の社会学者W・I・トマスは一〇〇年近く前に「人々が何かを真実だと信じれば、そう した行動の結果、真実になる」と結論づけています）。しかし、当時ですらすべてが失われていたわけで はありません——たとえ、潜在意識という地下牢に追い込まれ、そこに閉じ込められても、そう した状況が受け入れられるわけではなく、そこからでも奇蹟が生じる可能性があり、実際に生じ るという確信の穴が大きく開いているのです……。私が思うに、「すべてが失われてしまった」 という信念を持ちながら生きるのは本来的に不可能です。人間が本来逸脱を常とする動物であっ て、それ以外ではありえず、「ノー」という表現を含んだ言葉（すなわち、何かを否定したり否認した りする可能性）や未来の感覚（すなわち、他の動物がそうした感覚によって駆り立てられるように、「まだ」実 現しなくても「将来」実現するかもしれないという見通しを基に行動する能力）によって祝福されたり、苦しめられたりしてきたことを考えれば、そんなことはありえません。選択し、乗り越え、逸脱する動物であるホモ・サピエンスに、「すべてが失われている」といったような条件はないのです。しかし、だからといって、言葉を具体的な行動に変えることが成功を約束されている簡単な作業であるとか、待ち構えている困難から逃れるための簡単な（議論の余地のない）方法であるとか、最後まで見てもらえれば、満場の拍手喝采を浴びるものだという意味ではありません。最近のウエルベックのインタビューについて短く議論したものをもう一度、あなたにお送りしましょう……。

もう一つのポイント。すなわち、国民国家は唯一の「危機に陥っている行為主体」ではありません。もう一つの「危機に陥っている行為主体」が個人であり、（ウルリッヒ・ベックがいくども私たちに想い起こさせているように）「社会的に生み出された諸問題に個人的な解決策」を見つけることを求められ、促され、期待されています。私たちはみな今では、成文化されてはいないものの、すべてかほとんどすべての社会的実践の中に深く刻まれている、法令による（形式上の）「個人の」境遇にあるのです。私たちはみな「法令上の個人」ですが、私たちのほとんどが、「事実上の個人」の身分にはほど遠いと考えています（知識や技能や資源の不足のため、あるいはただ単に、私たちが直面している「諸問題」が独力では解決不能であり、多くの人々の一致協力による集合的な形でしか「解決」できないがゆえに）。しかし、私たちは、いわゆる「世論」によっても、私たち自身の（たとえ、社会的に準備されたものであっても）良心によっても、社会的期待（私たちによって内面化されている）と私たちの実践能力のギャップを埋められそうもありません。自尊心やあがないの希望を否定されて、逃れられない、取り戻せない資格剥奪の状態におかれているという、この深くて屈辱的な意味は、「自発的な隷従」（電子的・デジタル的な監視への私たちの協力）の現代版へのもっとも強力な起動力だと思います。その現代版の最後の記述の中には、見捨てられて孤独や無力感に陥ることを逃れるための絶望的な試み以上のものも、それ以下のものもないのです。このように、私たちは「とらえられ」、「捕捉されている」かもしれませんが、それでもなお、私たち自身の意志で最後の希望の戦いの場に「飛び込み」、突進し、突入するのです。

**ライアン**　もしそうであるなら、最後の希望の戦いも長くは続かないでしょう！　それにどう対処したらいいのでしょう？　そして、リキッドな時代のどこで、人は本当に「戦う」ことができるのでしょうか？　かつて、万事にわたって両義性が顕著である一方、リスク社会の「作られた確実性」は備えているように見えたモダニティを、はるかに脆弱なものにしてしまった地殻変動については、あなたと同じ意見です――マルクスやその他の人々は、はるか昔に、表面的な堅牢さも「完全に霧散してしまう」と警告を発していましたが。希望が、その顔やその弱々しい代行者である楽観主義すらも押し隠して、歓迎されざるリキッドな段階に踏み込むきっかけとなる文化的な合図のようなものを、舞台のそでで待っているのも不思議はありません。

　監視という文脈の中で私たちが議論しているデジタルな情報とイメージの流れは、いたるところでリキッドな感覚を増大させており、一部の人々によると、それには記憶を「冷却する」効果もあるそうです。文化的な発展を適切に倫理的な形で形作り、方向づけていた「ホットな」記憶も、受信する電子メールやステータスの更新、改訂される予報に関心を向けるクールさに席を譲っており、それらは私たちの意識にも現れています。[*101] 監視の領域においても、あなたの「突進と突入」の比喩が想い起こさせるように、物事は常に流動状態にあります。ここでもまた消費者の立場は新たな取引情報のたびに変化しており、人々が空港でのさらなる質問のために引き留められる機会も、往来の頻度や新たな通過の痕跡とともに変化しています。

だからこそ私は、社会科学がいくども疑惑の解釈学に助けを求めようとする（適切なことです！）世界の中で、あなたの著作に立ち戻るのです。私たちは、両義的な気持ちを抱いて生きようと心に決めるか、あるいはデジタル・サブライムの夢にしりごみしていますが、ノスタルジーに陥ったり反発したりせずに、文化的に軽視された語彙の再生利用を考えるチャンスはないのでしょうか？　たとえば、私はジャック・デリダ（一九三〇―二〇〇四）とともに出席した一九九六年のセミナーで、彼がレヴィナスの「応答可能性」[*102] の説明に光を当てたことを感謝の気持ちで思い出します。それは私の停止していた希望を蘇らせ、現在のリキッドな時代のことを理解するオルタナティヴがあるのだと思わせてくれました。

これは私が考えるように回復の解釈学です。というのも、それは現在のものに立ち向かい、取り組むために後ろに手を伸ばす一方で、それと同時に（あなたがパウロの言葉で私たちに想い起こさせたように）、私たちがまだ見ることのできないものへの希望を保持し続けているからです。監視のまなざしの世界の中で、パノプティコン的なまなざしが他者を物体化したとしても、レヴィナスは、それによって別な種類のまなざしの可能性が閉ざされることはないことを、私たちに考えるよう促しています。まなざしは必ずしも「私たちに他者の人間性を見えないようにする」[*103]わけではありません。レヴィナスは私たちを、トーラー（律法）の他者である異邦人や見知らぬもの、未亡人や孤児などに立ち戻らせます。そして、旧約聖書の物語の中で、アブラハムと（その正妻）サラによって無慈悲にも追放され、疎遠にされたその妻（で奴婢の）ハガール以上に周縁化されたアウトサイダーのために立ち上がるのは誰でしょうか？　ハガールの従属的なジェンダーと下位のエスニシティは、彼女が「私を見る神」と喜んで承認しているヤハウェによって気づかれずにはおきません。その話の中で、その愛情に満ちたまなざしと解放のための行動は分ちがたいものです。[*104]希望を孕んだもう一つの方法も可能なのです。

**バウマン**　なぜ私は「最後の希望の戦い」のような芝居じみた言葉にたどりついたのでしょうか？それは現在の苦境の中でももっとも顕著な頭痛の種である行為主体の危機のためです。私たちが言葉を具体的な行動に変える上で頼りになりそうな成長可能で十分潜在力のある行為主体の所在を突き止められないがゆえに、今日、希望は弱々しく壊れそうな状態です。私が何度も繰り返しているように、こうした困難は、物事を実行する権力と、正しいことが行なわれ、不正なことが起こらないようにする権力（私たちはこの二番目の権力を「政治」と呼んでいます）がすぐにも絶縁しそうなことによります。既存の政治的な行為主体（国家の政府）ではこうした重大な任務は果たせません。私たちの政治指導者は、金曜日に翌週何を行なうかについて合意してから、翌週の月曜日に株式市場が開くまで震えながら週末を過ごした後で、自分たちが本当は何を行なってしまったか（もっと正確には、実際に何を行なっているか）に気づいているようなありさまです……。オルタナティヴな行為主体がいくつも誕生して、論争に加わりたくてうずうずしている気配がうかがえるのも不思議ではありません。ことによるとインターネットは、政府が達成できなかった変化を起こすのではないでしょうか？　ひょっとして、よりよい監視装置が、長年の説教や倫理コードによっては果たせなかったことを達成するのではないでしょうか？　私たちは希望を希望している状態です——よりよい基礎に立った、もっと希望の持てる希望を……。膨大な数の男女を公共の場に召還するデジタルなものが持つ力を借りて、私たちは懸命に、現在の異常なものや無意味なものを用済みにする新たな体制を構築するという約束を検証しようとしています。私たちが希望を持ち続けるかぎり、それは正しいことであり、私たちの精神衛生のためにも非常に歓迎すべきことです。私たちが、そうした体制が見事にそれを達成する場はすでに開かれ、閉じられていると表明する（あるいは他の人の表明を受け入れる）なら、なおさら有益です。

レヴィナスのヴィジョンについてはあなたのおっしゃる通りですが、彼が自分のヴィジョンに関して語ったことも、電子やデジタルな監視媒体に支えられていたら、本当に支持されていたでしょうか？　斧もかみそりも申し分ない技術の産物ですが、それらが思慮分別もなく使われてしまうことが悩みの種です。はたして斧でひげがそれるでしょうか？　かみそりで木が切れるでしょうか？　斧もかみそりも両方の用途に使えるかもしれませんが、それらはその本来の目的とは合致していません。結局、電子的な監視は、あなたが誰よりも上手に説明されているように、レヴィナスの「他者の顔」が総合したものを分割し、人口統計の材料にしてしまうのです。

情報科学の社会的影響に関するフランスの主導的な専門家の一人ジェラール・ベリーは、ロジェ＝ポル・ドロワとのインタビューで、最近のチュニジアでの革命の直後に地元のティーンエイジャーたちに会った話を伝えています。[*105] ベリーは若者たちに、自分があなたたちと同じ年齢のころは小さな集団を集めることすら困難だったと語りました。それを聞いた若者たちは驚くと同時に笑っていたそうです。彼らにはそうした世界が想像できず、そうしたことを考えたこともなかったからです。他方で、ベリーは、その若者たちから、自分たちの「一体感」を築いたり、それを解体したりするために、どのようにして電子的な手段を使う「ようになった」か、聞き出そうとしました。ベリーは答えを得られず、彼らにそうした質問を向けるのは間違っていることに気づきました。彼らはフェイスブックやツイッターのない世界で生活したことがなかったのです。したがって、彼らは決して、自分たちの社会的な世界を構築したり、解体したりするために、フェイスブックやそれに類するものを使う「ようになった」わけではないのです。

彼らがその存在を知って住みつくようになった、ただ一つの社会的世界がデジタルなものだったのです。彼らにとって、インターネットは海や山と同じくらい自然なものであり、彼らがその相対的な利点や欠点を評価しようにも比較の対象がない、とベリーは結論づけています。私たちはどこに向かおうとしているのか予測するようドロワに促されたベリーは、一見落ち着かない様子でした。ベリーによれば、人々が備えているＧＰＳ（全地球測位システム）は、常にあなたの位置情報を送り続け、そして、あなたがクリックするコンピュータは、さまざまな集団や個人の行動の計測だけでなく、デモクラシーにとって危険なものとなりうるほど大量の情報の計測を可能にするでしょう。人々が今そのことに気づいていなければ、適切な疑問が投げかけられる前に、危険な行動が実行に移されることになり、通常の民主的な議論は行なわれずに、手遅れになるでしょう。

少なくとも、当面の間（人々が歴史を作る行動によって、確実で曖昧さのない証拠が入手できるようになるまで）、デジタルな監視は、私たちがまだその切れ味をどう鈍らせたらいいか分からないほど鋭利な刃物であり、私たちがまだその安全な扱い方を知らない両刃の剣ではないでしょうか？

私たちの希望に関して：希望は、私たちが自らの人間性を失わなければ、決して失われることのない人間の特性です。しかし、安全な避難所を見つけて碇を下ろすのに長い時間がかかることも確かです。あなたも、何度も狼が来ると叫んだ羊飼いの少年の運命についてはよくご存知でしょう……。しかし、簡単に忘れてしまいそうなのに、私たちが余り知らないことは、カラスの巣があるような高い場所から「この先に約束の地がある！」と何度も叫ぶ者にも同じ運命が待っているということです。

**ライアン**　前の話題と同じように、この問題もさらに広げることができます。しかし、あなたの印象深いコメントのために、もう一度だけ強調しておかねばならなくなりました。そうです。希望と人間性は切り離せないものであり、そしてまた安全な停泊地を見つけるには時間がかかるのです（そして、リキッドな時代にはよりいっそうそこへの到着が困難に思えます）。しかし、狼が来ると叫ぶ少年が本当は存在しない危険を警告しているとすれば、「約束の地」の存在を知らせる人々についてはどうなのでしょうか？　この狼の物語は本当の危険にだけ用心するよう、本当のことを語る重要性を強調しています。私たちは、（たとえば）テクノロジーが変化をもたらすとするばかげた未来派的な主張とは逆の例に触れてきました。そして、私たちは、ためらいなく、そうした空虚な楽観主義が昔話の中で恐れられた狼と同じくらい間違っているということに同意できます。しかし、さらに先があるのではないでしょうか？

監視を理解しようとする試みの中で、私が本当の方向性を見つけた例（それを私は希望に由来するものだと確信しました）に触れてもいいでしょうか？　その確信は社会学や歴史学の著作物では一般的ではありませんが、にもかかわらず、それらやそれらに相当するものは、目立たないところに静かに存在しています。それは証明することは不可能であり（それが何を意味しようと）、予想することしかできません。私たちはみな、好むと好まざるとにかかわらず、そうした「メタ理論的な」想定に拠り所を求めているのです。

九・一一後の監視の問題に取り組んでいたとき、私はセキュリティ監視計画の中で排除が強調される動きに真剣に対処しようとしました。「ムスリム」や「アラブ人」、「中東出身者」を排除されるカテゴリーとして選び出していたメディアや政治の中に、ある新しい言葉が姿を現そうとしていました。フランスの社会学者ピエール・ブルデュー（一九三〇―二〇〇二）がしたり顔で述べているように、「集団の運命はその名称に拘束される」[*106]ものであり、今や私たちは、これらの名称が「テロリスト」を連想させることの結末がどれほど深刻なものか知っています。これは優位性を通じた排除であり、これによって排除されたものは普通の生活（このケースでは合法的な生活）からはじき出されます。しかし、神学者のミロスラフ・ヴォルフ（一九五六―　）も述べているように、[*107]排除には抹殺（ボスニアやルワンダを想い起こして下さい）やそのソフトな形態である同化（お前のアイデンティティを断念すれば、われわれの中で生き延びられる――今週、カナダ政府は市民権のセレモニーで女性はニカブ〔ムスリムの女性が着用するベールで、目以外をすっぽり包むもの〕を着用してはならないと表明しました）も含まれます。さらに遺棄による排除もあり、それを私たちはたとえば欠陥のある消費者と関連づけて議論してきました。私たちは今や「向こう側を歩くもの」を自動的に排除する方法を知っています。

クロアチア人であるヴォルフは、ドイツの神学者で希望の神学を提唱したことで知られるユルゲン・モルトマン（一九二六―　）から、自分の祖国を荒廃させたチェトニク（セルビア人民族主義者）と呼ばれるセルビア人兵士たちを抱きしめられるかどうかをめぐって議論を挑まれたことで、こうした問題を考えるようになりました。クロアチア人のヴォルフは剣をハンマーでたたいて鋤にする日〔平和が訪れる日〕を望んでいますが、当面の課題は、「真理と正義の統治の不在の中で、カエサルの支配（武力の支配）をどう生き抜くか」[*108]（傍点著者）であることも自覚しています。ヴォルフは、ハンス・エンツェンスベルガー（一九二九―　、ドイツの詩人で評論家）を引き合いに出し（彼を超えるためにも）、シジフォスの石（シジフォスがその石を丘の上に押し上げ続けたことで非難された）は「平和」と呼ばれているとしています。たとえ、自分が殺そうとする者がいつ帰還しようとも、ささやかながら隣人にふさわしい行為を実行しなければならないのです。しかし、ヴォルフは、メシアのような足取りで「十字架を運ぶ」人々は、「自動的な復讐行為にとらわれるのを拒否することで、暴力の連鎖を断ち切り」、その結果、「報復しないという行為が一粒の種となり、そこから（平和の到来を求める）ペンテコステ礼拝の壊れやすい平和の果実が成長するのである……」[*109]と述べています。

さて、こうしたことに言及している私が言いたいのは、こうした深い確信こそが社会分析や歴史叙述を形作るということです。たとえ私たちが、そうした確信の源である信念には同意しなくても、私たちはたとえば、行為主体や希望を肯定する他の人々と戦略的な同盟関係を構築できるのではないでしょうか？　ジグムント、キーラン・フラナガンがあなたの仕事は「モダニティの神学的な重要性に予想もしなかった証拠を与えてくれる」[*110]と指摘していますが、私も同感です。彼は、この世界における神の行為にあなたが大きな疑問を抱いていて、「宗教的」感情の多くの表明に（私がそうであるように）あなたが非常に批判的であるがゆえに「予想もしなかった」と言いたいのだと思います。しかし、幾度となく神学者に託されているテーマである、悪の現実性、倫理の逃れがたさ、長期的な関係の強固さ、自己犠牲的な他者と隣人愛の重要性、死を免れないという難問（私たちはここでそのいくつかに触れています）の重要性をあなたが大胆にも認めているという点で、彼の指摘は正しいと思います。

私は、自分が非を認めることなく、そして後悔の気持ちもなく、キリスト教の伝統を歩んでいる一方で、あなたの仕事が私自身のものと非常に近い考えや、さらにはコミットメントを表明しているがゆえに、あなたの仕事を引用しています。あなたの仕事は、私が重要と考える事柄を非常によく説明してくれるので、たとえ私たちが　対立の契機や結局のところ基本的な違いを見つけるかもしれなくても、あなたと一緒に遠くに旅し続けることができると考えているのです。私はときどき、あなたが満足げにキリスト教の原典を引用していたり、ヴォルフも含めた人々が、あなたの知恵に負っていることを認めている場面に出会います。レヴィナスが語っていたように、聖書の知恵と明快さを思わせるあなたの仕事の中には、良心を輝かせ、せきたて、私たちを新たな方向に駆り立てる、カバラ〔ユダヤ神秘主義とユダヤ教の秘教的伝統〕の概念である、ラシモのようなものが見られます。

それでは、リキッド・サーベイランスについてはどうかって？　重要だと思います。なぜなら、監視が現代の生活の流れの中に浸み込む新たなあり方を把握することは重要であり、またそのあり方がリキッド・モダニティの流れに非常に対応していると思うからです。しかし、リキッド性という発想は、多くの社会理論の底の浅さと皮相さを断固として拒み、代って私が参照したばかりのテーマに転じようとする研究者のペンに由来するものです。私の疑問は、社会理論と政治理論がどの程度、宗教的な伝統の中から語る人々の貢献を受け入れているかということです。たとえば、よき統治かどうかはもっとも弱い者やもっとも声の小さな人々がどう処遇されているかを見れば分かるとする発想の拠り所を、古代ユダヤ教やキリスト教の中に見出している人がいるでしょうか？　単なる人間の生産物にすぎないユートピアのためではなく、賢人の言葉や過去の預言者の約束、あるいは、あなたがしばしば使った言葉を繰り返せば、「具体的な行動に変わった言葉」の実現を望んでいる人がいるでしょうか？

**バウマン**　私たちの対話の前にも、あなたは幾度となく、こうした問題のもっとも脆弱で不快でただれた箇所や側面を的確に指摘されていましたね。「生活術（art of life）」に関するささやかな研究の中で私は、活用できる現実的な選択肢の範囲を定めるのは私たちの運命（私たちには防げず、大きく変えられない、すべての事柄の総称）だが、それらの選択肢の中から選ぶのは私たち人間の特性（私たちが意識的にコントロールし、変更し、育むことができるもの総称）であると指摘しています。これら二つのおおむね自立的な要素が共存しながら作用しあうことで人間の行動は不確定なものとなり、完全には予測できないものとなるのです。その結果、ナチスやコミュニストですら、強制収容所の中で人間の選択を完全に除去することはできませんでした。あなたや私や周囲の誰もが、もっとも遠い過去から未来永劫に至るまで、ホモ・エリジェンス（homo eligens）、すなわち、選択する存在、自分が歴史によって作られたように、歴史を作る存在であったし、現在も今後もそうであり続けるのです。

そして、私はそのことを確信しているがゆえに、道徳性の持つ可能性と必然性を同時に信じるのです。アダムとイヴが善悪の木の実を味わったとき学んだものを、私たちは決して忘れないでしょう……。それぞれの状況が結びついて「運命」となり、異なる選択に異なる制裁を付与するのです。そのことは、異なる状況下では選択の確率も変わることを意味します。その一方で、ホモ・エリジェンスに加えてホモ・サピエンスである私たちは、高価な代償を伴う選択よりも、コストのかからない選択を好む傾向があります（その相対的コストや価値を測る通貨はともかくとして）。しかし、確定と確率の間には大きな距離があり、人間の特性が道徳性を伴って働くのは、あまり目立たない空間の中です。私は次のように繰り返しています。「道徳的であること」にはさまざまな意味があるが、それが安楽で快適な生活のための処方箋でないことは確かである、と。不確実性（そしてもっとも悲惨な不確実性、すなわち、選択が検討される前と選択が行なわれた後でも、取り除けず減らせない不確実性）は道徳性の本拠地であり、その自然な生息地です。そして、（ほとんどすべての近代の道徳哲学者の教えとは反対に）その道徳性は、普遍的に受け入れられ、従われている規則や規範に従っているケースよりも、それに頑強に抵抗しているケースの方がはるかに多いのです（抵抗するものには膨大なコストが伴いますが）。

こうした信念と亡きトニー・ジャット（一九四八―二〇一〇）の信条の間には「選択的な親和性」

があるのではないかと思います。彼の死の翌日、私は日記に次のようなジャットの見解を記しています。「私たちが二〇世紀から何も学ばなかったとしても」、「私たちは少なくとも、回答が完全なものになればなるほど、その結果は恐ろしいものになることは理解すべきであった。不満足な結果に改善を加えることが、私たちが望むことのできる最善の事柄であり、おそらく私たちみなが求めるべきものである」、と。言葉を換えれば、歴史は私たちに謙虚さを教えてくれて、私たちが試みる事業に節度を持つことを勧めてくれます。他方で、私たちがこのアドバイスに耳を傾けているかぎり、私たちの希望が打ち砕かれることはないでしょう。ジャットは『インディペンデント』紙のデイヴィッド・フォリーとの対話で、自らの信条を次のように提示しています。

先日、私は権威主義や全体主義に類するものへの転落が見られるかという質問を受けました。そういう現象は見られません。ただしある面で、私はそれよりもはるかに有害な現象を目にしています。それが確信の喪失であり、開かれたデモクラシーの文化への信頼の喪失であり、大西洋の両側でかなり進展していると思われる、疑念と撤退の感覚です……しかし、今後数十年のうちに、政治的な怒りからの抗議という形での政治的熱狂や、過去二五年間も停滞していた若者たちの組織化の再現が見られると考えています。したがって、短期的には悲観主義でも中期的には楽観主義です。*[111]

ジャットの「中期的な楽観主義」を支持し、さかのぼって正当化するために、未来〔直近でも比較的すぐでもない〕は、過去を復活させようとするスキュラ〔ギリシャ神話に登場する六頭の犬の上半身と大海蛇の下半身を持つ怪物〕とその遺産を気楽に捨て去るカリュブディス〔ギリシャ神話に登場する怪物で、メッシーナ海峡の渦潮を擬人化したもの〕の間を航行しなければならないでしょう。「社会民主主義やそれに類するものが、私たちがかつて理想の世界の中に思い描いた未来を代表していると報告するのは喜ばしいことですが、誤解を招くでしょう」とジャットは、別の機会に、彼のインタビュアーのエヴァン・R・ゴールドスタインがコメントしているとき「あらゆる言葉を慎重に発音しながら」表明しました。[*112] 社会民主主義が達成した成果であるニューディール政策や偉大な社会の構想、欧州の福祉国家を放棄することは、「私たちの前の世代の人々や、これからやってくる世代を裏切ることです」。

しかし、現在、私たちは公共サービスへの投資が八〇年も低下し続けているのを目にしています。私たちは過去の努力や構想や意欲をふいにしてしまっています。私たちは悪い回答を却下しながら、いい質問を忘れているのです。私はいい質問をテーブルの上に戻したいと思います。

私が思うに、ジャットは少なくとも、トニー・ジャットの名で営んでいた生活の中や、そして——他の人々が自らの生活を同じ意味で満たそうと決意しているように——人類史の中にも、彼が非常に熱心に求めていた意味を見出したのではないでしょうか。ジャットはフォーリーに次のように告白しています。

私が行なった唯一の真剣な哲学的対話は、ここ［ニューヨーク大学］での私の友人の一人で哲学者のトマス・ネーゲル（一九三七―　）とのものでした。私たちは、生者の持つ自らの死後に起こることへの責任をめぐって長い対話を交わしました。言葉を換えると、死後の生（一般）についてではなく、自らの死後の生についてであり、自分が残した世界に対して自分が負っている責任についてであり、現在の行動や、自分が語ったり、達成しようとしたりすることに関してなどです……。

これらの責任は非常に重いものです。私たちはやがて死にます――私たちは死んだ後も生きることはありません、あるいは少なくとも私たちが生きたとしても、私はそれについて何も知らないし、それを裏づける証拠もなければ、異論も持ち合わせていません――しかし、私たちは他の人々の中で、まるで彼らに対して責任を負っているかのように生きるのです。私たちが後に残す記憶や、私たちが自分の考えを形にして残す印象、そして人々がそれらの考えに関わり続けるさまざまな理由こそ、私たちが今では責任を負うことができない世界に対して、私たちが負っている責任なのです。まるで私たちが生き続けているかのように、まるで私たちがそこにいて、私たちの言葉や行動に対して責任を取り続けているかのように行動する場が存在するのです。たとえ、それがあなた自身の未来ではなくても、その未来のために生きるという感覚が存在するのです。

**ライアン**　ええ、これは確かに「責任／応答可能性」について確信させてくれると同時に、それに関わる行動をさらに促すものです。キリスト教徒である私にとって、『新約聖書』は、私たちに、すでに未来の平和《シャーローム》が到来しているかのように今を生きるよう命じている、とだけ付け加えておきます。私たちは礼拝を行い、他者の顔の中に私たち自身を見出し、剣を鋤に変え、周縁化された人々、すなわち疑わしい人間に分類された人々の声が聞き届けられるよう（その結果を恐れることなく）、祈りの生活を送っているのです。

**バウマン**　「すでに未来の平和《シャーローム》が到来しているかのように今を生きる」とあなたは主張されます……。これは、『旧約聖書』と『新約聖書』からの他の呼びかけと同じように、レヴィナスによって明らかにされた責任の無条件性の教えを含めて、聖人たちや、そしてまた一信徒に宛てられたものです（しかし、聖書のメッセージへの関心とそれらを吸収することの恩恵が、その送り手の神的な力に対する信頼に左右されるとすれば、それは恐ろしい世界であることを、どうか考えて下さい）。そして聖人たちはそのメッセージを受け取って、それを咀嚼し、それを行動に変えます。だからこそ私たちは彼らを聖人と呼ぶのです。だからこそ彼らは聖人なのです。悲しいかな、私たちはみな聖人であることができません。しかし、私たちは聖人の存在なしには人間でありえないでしょう……。彼らは私たちに道を指し示し（彼らがその道です）、私たちにたどることのできる進路を保証してくれます。彼らは、その進路を拒むかその道を取ることができず、それに従うことできない私たちの良心の痛みなのです。

ミシェル・ウエルベックは最近の小説『地図と領土 *The Map and the Territory*』（どうか題名に込められたメッセージを考えてみて下さい）の中で、（「構想《デザイン》と制作を分けてはならない」という言葉で有名な）ウィリアム・モリス（一八三六―九六）（イギリスの社会主義者で、生活と芸術の一致を唱えるアーツ・アンド・クラフツ運動の提唱者）がユートピアンであったかどうかという疑問に答えようとしました。彼は熟考した後でも、結論めいたことを口にすることは頑なに拒んでいます（「私は年を取りすぎており」、「もはや結論にたどりつきたくもないし、たどりつく習慣も持ち合わせていない」と述べています）。しかし、それにもかかわらず、次のように指摘しているのです。「ウィリアム・モリスによって提示された社会のモデルは、すべての人間がウィリアム・モリスのようである世界では、ユートピア的ではないと言えよう」。

私はこの仮説を、その明示的な励ましと暗黙の警告も含めて支持します。

# 註

## はじめに

＊1　Gilles Deleuze, 'Postscript on the societies of control', *October 59* (Winter 1992) : 3-7.（ジル・ドゥルーズ「追伸——管理社会について」『記号と事件』宮林寛訳、河出文庫、二〇〇七）。

＊2　Kevin Haggerty and Richard Ericson, 'The surveillant assemblage', *British Journal of Sociology* 54 : 1 (2000) : 605-22.

＊3　William G. Staples, *Everyday Surveillance : Vigilance and Visibility in Postmodern Life* (Lanham : Rowman & Littlefield, 2008), p.8（傍点を加えた）。

＊4　Zygmunt Bauman, *Liquid Modernity* (Cambridge : Polity, 2000), p.11.（ジークムント・バウマン『リキッド・モダニティ——液状化する社会』森田典正訳、大月書店、二〇〇一）。

＊5　この議論に関しては、David Lyon, ed., *Theorizing Surveillance : The Panopticon and Beyond* (Cullompton : Willan, 2006）を参照。

＊6　Didier Bigo, 'Security : a field left fallow', in M. Dillon and A. W. Neal, eds, *Foucault on Politics, Security and War* (London : Palgrave MacMillan, 2011), p. 109（傍点を加えた）。David Lyon, 'Everyday surveillance : personal data and social classification', *Information, Communication, and Society* 5 : 1 (2002) : 1-16. も参照。

＊7　たとえば、David Lyon, 'The border is everywhere : ID cards, surveillance and the other', in E. Zureik and M. B. Salter eds, *Global Surverillance and the Policing* (Collumpton : Willan, 2005), pp. 66-82. を参照。

＊8　バウマンは *Postmodern Ethics* (Oxford : Blackwell, 1993）を含むいくつかの著作で、道徳的中立化（adi-

aphorization）について論じている。
＊9　たとえば、Oscar Gandy, *Coming to Terms with Chance : Engaging Rational Discrimination and Cumulative Disadvantage* (Farnham : Ashgate, 2009). を参照。
＊10　David Lyon, *Surveillance Studies : An Overview* (Cambridge : Polity, 2007), p.32.（デイヴィッド・ライアン『監視スタディーズ――「見ること」「見られること」の社会理論』田島泰彦、小笠原みどり訳、岩波書店、二〇一一）。
＊11　Daniel Solove, *The Digital Person : Technology and Privacy in the Information Age* (New York : New York University Press, 2004), p.47.
＊12　Bauman, *Liquid Modernity*, p.10.
＊13　Ibid., p.11.
＊14　たとえば、Katja Franko Aas, *Sentencing in the Age of Information* (London : Glass House, 2005), ch.4. を参照。
＊15　David Lyon, ed., *Surveillance as Social Sorting : Privacy, Risk, and Digital Discrimination* (London : Routledge, 2003).
＊16　たとえば、Anna Vemer Andrzejewski, *Building Power : Architecture and Surveillance in Victorian America* (Knoxville : University of Tennessee Press, 2008). を参照。
＊17　Gandy, *Coming to Terms with Chance.*
＊18　*Work, Consumerism and the New Poor* (Buckingham : Open University Press, 1998).（ジグムント・バウマン『新しい貧困――労働、消費主義、ニュープア』伊藤茂訳、青土社、二〇〇八）を参照。

## 第一章

＊19　Elisabeth Bumiller and Thom Shanker,「昆虫程度の大きさのドローンによって戦争は進化を遂げている」, *New York Times*, 19 June 2011.
＊20　Brian Stelter, 'Now drones are absolute', at http://motherboard.vice.com.

＊21　一八四九年のカリフォルニアの「ゴールドラッシュ」やその後に行なわれ、批判を浴びたほとんどのケースと同じく、この特異な窃盗の訴えは、裁判所において明快な解決に至らなかった。しかし、二一世紀初頭のインターネットは、一九世紀半ばのカリフォルニアと同じように、私的財産や特許料や税金を免れる独特な形の無法地帯であった。

＊22　Josh Rose, 'How social media is having a positive impact on our culture', 23 Feb. 2011, at http://mashable.com/2011/02/23/social-media-culture/（二〇一二年三月にアクセス）。

＊23　Georg Simmel, 'The sociology of secrecy and of the secret societies', *American Journal of Sociology* 11（1906）: 441-98.（ゲオルク・ジンメル「秘密と秘密結社」『社会学（上）』居安正訳、白水社、一九九四）。

＊24　Gary T. Marx with Glenn W. Muschert, 'Simmel on secrecy : a legacy and inheritance for the sociology of information', in Christian Papiloud and Cécile Rol, eds, *The Possibility of Sociology*（Wiesbaden : VS Verlag für Sozialwissenschaften, 2008）

＊25　Paul Lewis,「ティーンエイジャーのネットワーク・ウェブサイト、反小児性愛調査の対象に」, *Guardian*, 3 July 2006. を参照。

＊26　Eugène Enriquez, 'L'idéal type de l'individu hypermoderne : l'individu pervers?', in Nicole Aubert, ed., *L'Individu hypermoderne*（Toulouse : Érès, 2004）, p. 49.

＊27　Siegfried Kracauer, *Die Angestellen*. 最初は一九二九年に *Frankfurter Allgemeine Zeitung* に連載され、一九三〇年に Suhrkamp によって書籍として刊行された論文。ここでは、Ouintin Hoare 訳、Siegfried Kracauer, *The Salaried Masses : Duty and Distraction in Weimer German*.（London : Verso, 1998）, p. 39 を引用している。

＊28　Germaine Greer, *The Future of Feminism*, Dr J. Tans Lecture（Maastricht : Studium Generale, Maastricht University, 2004）, p. 13.

＊29　Sherry Turkle, *Alone Together : Why We Expect More of Technology and Less of Each Other*（New York : Basic Books, 2011）, p.xii.

＊30　Daniel Trottier, *Social Media as Surveillance : Rethinking Visibility in a Converging World*（London : Ashgate, 2012）.

＊31　ダンバー数の二倍もの数に達した研究者たちもいる。最近のウィキペディアを引くと、「人類学者のH・ラッセル・バーナードとピーター・キルワースやその仲間たちは、米国でさまざまな調査を行なった結果、ダンバー数のおよそ二倍に上る二九〇という平均値に達した。その中央値は二三一人とそれよりも低く、これは頻度分布のばらつきによるものだが、それでもダンバー数よりかなり多い。バーナードとキルワースの一人の人物が持つ社会的ネットワークの規模の最大値に関する推定は、調査の平均ではなく、さまざまな人々に異なる方法を用いた調査を基にしたものであり、繰り返し調査を行なった結果である。このバーナード・キルワース数は、ダンバー数ほど一般的でない」。現代のさまざまな集団に焦点を当てたバーナードとキルワースらの調査とは異なり、ダンバーの野外研究や公文書研究、さらにはそれをもとにダンバー数が計算された生のデータ提供者たちの主な対象は、霊長類と洪積世の人類であった。したがって、ダンバーの推定——霊長類やその親類に当たる人類に共通する大脳新皮質の構造を考えれば、太古の集団の規模は人類にとって「意味のある関係」の数に制限されていた——は、裏付けのある所見というよりあくまでも推定と受けとめる必要がある。

＊32　'McDonald's #McDStories Twitter campaign backfires', *Daily Telegraph*, 24 June 2012, at www. telegraph. co. uk（二〇一二年四月にアクセス）を参照。

＊33　これに関しては、Malcolm Gladwell「小さな変化。なぜこの革命はツィートされないのか?」, *New Yorker*, 24 Oct. 2012. という洞察力に富んだ記事を参照。

＊34　Jean-Claude Kaufmann, *Sex@mour* (Paris : Armand Colin, 2010) を参照。ここでは, David Macey の翻訳, *Love Online* (Cambridge : Polity, 2012) から引用した。

## 第二章

＊35　Kevin Haggerty, 'Tear down the walls', in Lyon, *Theorizing Surveillance*.

＊36　Michel Foucault, *Discipline and Punish* (New York : Vintage, 1977), pp. 202-3.（ミシェル・フーコー『監獄の誕生——監視と処罰』田村俶訳、新潮社、一九七七）。

＊37　Oscar Gandy, *The Panoptic Sort : A Political Economy of Personal Information* (Boulder : Westview, 1993). (オスカー・ガンジー『個人情報と権力――統括選別の政治経済学』江夏健一監訳、国際ビジネス研究センター訳、同文舘出版、一九九七)。

＊38　Lorna Rhodes, 'Panoptical intimacies', *Public Culture* 10 : 2 (1998) : 308.

＊39　Lorna Rhodes, *Total Confinement : Madness and Reason in the Maximum Security Prison* (Berkeley: University of California Press, 2004).

＊40　Mark Andrejevic, *Reality TV : The Work of Being Watched* (New York : Rowman & Littlefield, 2004).

＊41　これは、David Lyon, 'The search for surveillance theories', in Lyon, *Theorizing Surveillance*, p.8. をほとんど引用している。

＊42　Loïc Wacquant, *Punishing the Poor : The Neoliberal Government of Social Insecurity* (Durham : Duke University Press, 2008), p.25.

＊43　John Gilliom, *Overseers of the Poor* (Chicago : University of Chicago Press, 2005).

＊44　Didier Bigo, 'Globalized (in) security : the field and the ban-opticon', in Naoki Sakai and Jon Solomon, eds, *Traces 4 : Translation, Biopolitics, Colonial Difference* (Hong Kong : Hong Kong University Press, 2006).

＊45　Michel Agier, *Le Couloir des exiles. Être étranger dans un monde commun* (Marseille : Éditions du Croquant, 2011).

＊46　Lyon, *Surveillance Studies*, p.42.

＊47　Oscar Gandy, 'Coming to terms with the panoptic sort' in David Lyon and Elia Zureik, eds, *Computers, Surveillance and Privacy* (Minneapolis : University of Minnesota Press, 1996), p.152.

＊48　Mark Andrejevic, *iSpy : Surveillance and Power in the Interactive Era* (Lawrence University of Kansas Press, 2007), p. 125.

＊49　Gandy, *Coming to Terms with Chance.*

＊50　Geoff Bowker and Susan Leigh Star, *Sorting Things Out* (Cambridge, MA : MIT Press, 1999).

＊51　Thomas Mathiesen, 'The viewer society : Michel Foucault's panopticon revisited', *Theoretical Criminology* 1 : 2

(1997) : 215-34.

＊52　David Lyon, '9/11, synopticon, and scopophilia : watching and being watched', in Kevin D. Haggerty and Richard V. Ericson, eds, *The New Politics of Surveillance and Visibility* (Toronto : University of Toronto Press, 2006), p.35-54. を参照。

＊53　Aaron Doyle, 'Revisiting the Synopticon : recondsidering Mathiesen's "viewer society" in the age of web 2.0', *Theoretical Criminology* 15 : 3 (2011) : 283-99.

＊54　Zygmunt Bauman, *Collateral Damage : Social Inequalities in a Global Age* (Cambridge : Polity, 2011), pp. 46-7. (ジグムント・バウマン『コラテラル・ダメージ――グローバル時代の巻き添え被害』伊藤茂訳、青土社、二〇一一)。

## 第三章

＊55　Götz Aly and Susanne Heim, *Vordenker der Vernichtung. Auschwitz und die deutschen Pläne für die neue europäische Ordnung* (Hamburg : Hoffmann & Campe, 1991), pp. 14, 482.「当初は、「ヨーロッパの諸国民の再移住」の調整のための声明に基づいて一九三九年の一〇月六日に設立された小規模な役所が、急速に強力な機関へと変貌し、多数の支局を抱え、民族誌家、建築家、農学者、計理士、そしてあらゆる科学分野の専門家を含む数千人の職員を擁するようになった」(pp. 125-6)。なお本書は Götz Aly and Susanne Heim, *Architects of Annihilation : Auschwitz and the Logic of Destruction* (London : Weidenfeld & Nicolson), 2001. として英訳されている。Götz Aly's reply to Dan Diner, *Vierteljahreshefte für Zeitgeschichte* 4 (1993) も参照。

＊56　Klaus Dörner, *Tödliches Mitleid. Zur Frage der Unerträglichkeit des Lebens* (Gütersloh : Paranus, 1988), pp. 13, 65. を参照。

＊57　Thom Shanker and Matt Richtel,「新しい軍隊ではデータ過多が深刻」, *New York Times*, 16 Jan. 2011.

＊58　Günter Anders, *Le temps de la fin* (1960 ; Paris : L'Herne, 2007), pp. 52-3. を参照。

＊59　Lyon, 'The border is everywhere'.

＊60　Ibid.

＊61　たとえば、Elisabeth Bumiller「空軍のドローンのオペレーター、強度のストレスを訴える」、*New York Times*, 18 Dec. 2011. http://www.nytimes.com/2011/12/19/world/asia/air-force-drone-operators-show-high-levels-of-stress.html?_r=3（二〇一二年三月にアクセス）を参照。

＊62　Roger Silverstone, 'Proper distance : towards an ethics for cyberspace', Gunnar Liestøl et al., eds, *Digital Media Revisited : Theoretical and Conceptual Innovations in Digital Domains*（Cambridge, MA : MIT Press, 2003）, pp. 469-90.

## 第四章

＊63　Zygmunt Bauman, *Liquid Fear*（Cambridge : Polity, 2006）, p.6.（ジグムント・バウマン『液状不安』澤井敦訳、青弓社、二〇一二）。

＊64　Ibid., p. 123.

＊65　Katja Franko Aas, Helene Oppen Gundhus and Heidi Mork Lomell, eds, *Technologies of InSecurity : The Surveillance of Everyday Life*（London : Routledge, 2007）, p.1.

＊66　Torin Monahan, *Surveillance in the Time of Insecurity*（New Brunswick : Rutgers University Press, 2010）. p. 150.

＊67　Anna Minton, *Ground Control : Fear and Happiness in the Twenty-First Century City*（London : Penguin, 2011）, p. 171.

＊68　Bigo, 'Security'.

＊69　Zygmunt Bauman, 'Conclusion : the triple challenge', in Mark Davis and Keith Tester, eds, *Bauman's Challenge : Sociological Issues for the Twenty-First Century*（London : Palgrave Macmillan, 2010）, p.204.

＊70　'Michel Houellebecq, the art of fiction no. 206', *Paris Review*, no. 194（Fall 2000）. at www.theparisreview. org/interviews/6040/the-art-of-fiction-no-206-michel-houllebecq（二〇一二年四月にアクセス）。.

＊71　Solove, *The Digital Person*, p.47.

＊72　Vincent Mosco, *The Digital Sublime : Myth, Power and Cyberspace*（Cambridge, MA : MIT Press, 2004）.

＊73　S. F. Murry, 'Battle command : decision-making and the battlefield panopticon', *Military Review* (July-Aug. 2006) : 46-51 ; Kevin Haggerty, 'Visible war : surveillance, speed and information war', in Haggerty and Ericson, *The New Politics*. に引用されている。

＊74　Zygmunt Bauman, *Socialism : The Active Utopia* (London : Allen & Unwin, 1976), p.141.

＊75　Keith Tester, *The Social Thought of Zygmunt Bauman* (London : Palgrave Macmillan, 2004), p.147.

＊76　Keith Tester, *Conversations with Zygmunt Bauman* (Cambridge : Polity, 2000), p. 9.

＊77　David Noble, *The Religion of Technology : The Divinity of Man and the Spirit of Invention* (New York : Penguin, 1997).

＊78　私はたとえばこれを，David Lyon, *Suveillance after September 11* (Cambridge : Polity, 2003), ch. 6.（デイヴィッド・ライアン『９・11以後の監視――〈監視社会〉と〈自由〉』清水知子訳，明石書店，二〇〇四）の中で表現しようとした。

＊79　Ibid., p.166.

## 第五章

＊80　Christian Fuchs, Kees Boersma, Anders Albrechtslund and Marisol Sandoval, eds. *Internet and Surveillance* (London : Routledge, 2011), p.xix.

＊81　Lyon, *Surveillance Studies*, p. 185.

＊82　Sachil Singh and David Lyon, 'Surveilling consumers : the social consequences of data processing on Amazon. com', in Russell W. Belk and Rosa Llamas, eds, *The Routledge Companion to Digital Consumption* (London : Routledge, 2012) を参照。

＊83　たとえば，Lyon, '9/11, synopticon, and scopophilia'. を参照。

＊84　dana boyd, 'Dear voyeur, meet flaneur, sincerely, social media', *Surveillance and Society* 8 : 4 (2011) : 505-7.

＊85　Eli Pariser, *The Filter Bubble : What the Internet Is Hiding from You* (New York : Penguin, 2011).（イーライ・

パリサー『閉じこもるインターネット――グーグル・パーソナライズ・民主主義』井口耕二訳、早川書房、二〇一二)。

＊86 Oscar Gandy, 'Consumer protection in cyberspace', *Triple C* 9 : 2 (2011) : 175-89.

＊87 例外もあるかもしれない。ここで私は主に監視の文脈のことを考えている。おそらくソーシャルメディアはハートとネグリの「Swarm（群れ）」の考え方と比較して考えることができるかもしれない――これはバウマンのたとえば、*Consuming Life*（Cambridge : Polity, 2007）の中でも用いられている。Michael Hardt and Antonio Negri, *Multitude : War and Democracy in the Age of Empire* (New York : Penguin, 2004)（アントニオ・ネグリ、マイケル・ハート『マルチチュード――〈帝国〉時代の戦争と民主主義（上）（下）』幾島幸子訳、ＮＨＫ出版、二〇〇五）を参照。二〇一一年の「アラブの春」の際のソーシャルメディアの使用は、「swarming（昆虫が群れをなして移動するような抵抗運動）」と一脈通ずるところがある。

＊88 Jason Pridmore, 'Loyalty cards in the United States and Canada', in Elia Zureik et al., eds, *Surveillance, Privacy and the Globalization of Personal Information* (Montreal : McGill-Queen's University Press, 2010), p. 299.

＊89 Stephen Graham, 'Cities and the "war on terror"', *International Journal of Urban and Regional Research* 30 : 2 (2006) : 271.

＊90 James Der Derian, *Virtuous War : Mapping the Military-Industrial-Media- Entertainment Complex* (Boulder : Westview, 2011).

＊91 これはバウマンが *Consuming Life* において、やや違った形で指摘したポイントである。

## 第六章

＊92 Gary T. Marx, 'An ethics for the new surveillance', *Information Society* 14 : 3 (1998).

＊93 Gary T. Marx, *Undercover : Police Surveillance in America* (Berkeley : University of California Press, 1988), ch. 8.

＊94 Deluze, 'Postscript'; David Garland, *The Culture of Control* (Chicago : University of Chicago Press, 2001).

＊95 N. Katherine Hayles, *How We Became Posthuman : Virtual Bodies in Cybernetics, Literature and Mathematics* (Chica-

go : University of Chicago Press, 1998), ch. 3.
＊96　Irma van der Ploeg, *The Machine-Readable Body* (Maastricht : Shaker, 2005), p.94.
＊97　さらに、David Lyon, *Identifying Citizens : ID Cards as Surveillance* (Cambridge : Polity, 2009), pp. 124-5. を参照。
＊98　Bauman, *Consuming Life*, pp. 14, 17-20. を参照。
＊99　Lucas Introna, 'The face and the interface : thinking with Levinas on ethics and justice in an electronically mediated world', working paper, Centre for the Study of Technology and Organization, University of Lancaster, 2003.

## 第七章

＊100　Peter Beilharz, ed., *The Bauman Reader* (Oxford : Blackwell, 2011), p .334.
＊101　これらの発想は、Jan Assman, *Das kulturelle Gedächtnis* (Munich : Beck, 1992) がヒントになったもので、これについては、Miroslav Volf and William H. Katerberg, *The Future of Hope : Christian Tradition amid Modernity and Postmodernity* (Grand Rapids, M : Eerdmans, 2004), p.x. により引用されている。
＊102　このシリーズは後に Jaques Derrida, *Adieu à Emmanuel Levinas* (Stanford : Stanford University Press, 1997). として刊行された。
＊103　Robert Paul Doede and Edward Hughes, 'Wounded vision and the optics of hope', in Volf and Katerberg, *The Future of Hope*, p. 189.
＊104　Ibid., p. 193.
＊105　「子供たちにとってインターネットは、海や山と同じくらい自然なものである」, *Le Monde*, 30 Nov. 2011. を参照。
＊106　Pierre Bourdieu, *Distinction : A Social Critique of the Judgement of Taste* (London : Routledge, 1986), pp. 480-1.（ピエール・ブルデュー『ディスタンクシオン（1）（2）』石井洋二郎訳、藤原書店、一九九〇）。
＊107　Miroslav Volf, *Exclusion and Embrace : A Theological Exploration of Identity, Otherness and Reconciliation* (Nashville : Abingdon Press, 1996), p.75.

*108 Ibid., p. 277.
*109 Ibid., p. 306.
*110 Kieran Flanagan, 'Bauman's implicit theology', in Davis and Tester, *Bauman's Challenge*, p. 93.
*111 'Tony Judt「私は長期的には悲観主義ではない」, *Independent*, 24 Mar. 2010.
*112 Evan R. Goldstein,「トニー・ジャットの試練」, *Chronicle Review*, 6 Jan.

# 訳者あとがき

本書は *Zygmunt Bauman* と David Lyon の *Liquid Surveillance : A Conversation*, Polity Press, 2012 の全訳である。邦題については「リキッド・サーベイランス」という概念がまだ一般的でないという判断から、内容を象徴するようなものに変更した。

まずは、著者について簡単にご紹介しておこう。ジグムント・バウマンは一九二五年にポーランドのユダヤ人家庭に生まれ、戦後ワルシャワ大学で教鞭をとっていたが一九六八年に迫害を受けて解雇されたため、イスラエルを経てイギリスに移住し、リーズ大学で長年社会学を教えた。とくに二〇〇〇年に刊行した印象的なタイトルの著『リキッド・モダニティ』によって世界中で広く知られるようになり、その後も毎年数冊の著作を公にするなど、旺盛な執筆活動を続けている。一方のデイヴィッド・ライアンは、一九四八年にスコットランドのエジンバラに生まれ、現在はカナダのクイーンズ大学の教授として社会学を教えるかたわら、同大の監視スタディーズ・センターのディレクターを務めている。監視社会研究の第一人者として世界的に有名であり、数多くの著書（そのうち数冊が邦訳されている）がある。

原書のサブタイトルの「会話」が示すように、本書は二人の対話をまとめたものだが、直接対面して語り合ったわけではなく、大西洋をはさんで電子メールを使用しながら、ライアンからの質問にバウマンが答えるという形式で行われた。とくにテーマとなっているのが、タイトルにもなっている「リキッド・サーベイランス」である。これはソリッド・モダニティ（個体的近代）を代表する監視の形式であった「パノプティコン（一望監視施設）」に代る、今日のリキッド・モダニティ（流体的近代）の段階の監視のあり方を指すものであり、言葉を換えれば「ポスト・パノプティコン」の時代の「監視の展開を位置づける一つの方法」である。

読者の方々の中にはこの「あとがき」を読んでから本文を読まれる方も多いと思われるので、以下に本書を読むためのガイドとして、内容をかいつまんでご紹介しておきたい。

第一章の「ドローンとソーシャルメディア」では、米軍の無人機「ドローン」とフェイスブックやツイッターに代表されるソーシャルメディアという、二つの異なる目的のために作られ、正反対の動機に駆り立てられているはずのものが、ときには補い合いながら、ともに匿名性やプライバシーの崩壊を促し、社会的振り分けや排除に一役買っていると指摘して、今日の監視の広がりとその深さを示すと同時に、従来の監視概念の変化にも注意を促している。また、本章ではソーシャルメディアにみられるような、個人が積極的に自らの個人情報を公表しあう「告白社会」の到来の背景や理由についても、突っ込んだ議論が交わされている。

第二章「ポスト・パノプティコンとしてのリキッド・サーベイランス」では、「閉じ込め」、規律化することを目的としたパノプティコンが、リキッド・モダニティへの転換と消費者社会への移行に伴って、「誘惑」し、「振り分け」て、有望な消費者を囲い込む半面、それ以外の消費者を「排除する」タイプのものにとって代わられていると指摘している。こうした排除を主眼とした監視はバノプティコンと呼ばれており、消費の文脈における「欠陥のある」消費者の排除にとどまらず、「ゲイテッド・コミュニティ」に代表される国内の富める者と貧しい者の分断、さらには豊かなグローバル・ノースと貧しいグローバル・サウスの分断にも貢献しているという。また本章では、一人の人間が多数の人間を監視するパノプティコンとは逆に、多数の人間が一人の人間を監視するシノプティコンという概念や、携帯型や装着型の監視装置を日常的に携行することで、個人が自発的に監視に協力するＤＩＹ監視の普及についても言及されている。

第三章「遠隔性、遠隔化、自動化」では、現代の先端技術が可能にした「距離を隔てて活動する能力」の高度化が、リキッド・サーベイランスという文脈で何を意味するかをめぐって活発なやりとりが行われている。とくに、これらの技術の発達のもたらす有害な帰結としてバウマンが提示している概念が、本書のキイワードの一つ「道徳的中立化」である。監視カメラに始まり、生体認証さらにはドローンなどの機械装置を発達させてそれに監視役を代行させ、その業務を自動化する一方、監視される側のアイデンティティを「虹彩」や「指紋」などに代表させることで、私たちは、「顔」や「表情」などの個人の人格や境遇を映し出すものと対面せずに済ませられるようになり、道徳的な後ろめたさを免れることができるようになっている。そうした傾向が強まれば強まるほど、非人間的で残虐な行為の遂行への垣根も低くなっていくことになるが、バウマンによれば、これはモダニティそのものの性格に起因するものであり、ナチスのホロコーストもその延長線上にあるという。本章に関連したテーマについては、バウマンの代表作の一つ『近代とホロコースト』(大月書店)と、『コラテラル・ダメージ』(青土社)の中の「悪の自然誌」でも深く議論されているので、関心のある方にはお勧めしたい。なお、本章の原題であるremoteness、distancing、automationのうち、distancingについては別の訳語も可能であるが、「隔てる」というニュアンスを込めることが重要と考え、「遠隔化」とした。

第四章の「セキュリティ・インセキュリティと監視」では、二〇〇一年の9・11事件を皮切りに高まったセキュリティ重視の動きによって、監視とセキュリティの結びつきが強調されるようになり、監視機器の発達が促され、監視装置が社会のあらゆる側面に普及するようになったが、そのセキュリティ(安全)へのこだわりや強迫観念がかえって、インセキュリティ(不安全)感を高めてしまっている逆説が明かされている。

さらに第五章の「消費主義、ニューメディア、社会的振り分け」では、消費という文脈で監視がどういう役割を果たしているか、社会的振り分け(social sorting)という概念等を手がかりにして掘り下げている。とくにアマゾンを例にして、消費者が自らの購入履歴を積み重ねながら自ら消費の方向性を絞り込んでいって自らの嗜好の世界に没入・自閉していく一方で、その同じ機能が持つ社会的格付けや合理的差別の帰結としての社会的分断や排除や格差拡大といった外部世界の変化に対する無関心が助長されるとしている。なお、アマゾンやグーグルの持つパーソナライゼーション（個人化）機能とその結果である「フィルター・バブル」現象については、イーライ・パリサーの『閉じこもるインターネット——グーグル・パーソナライズ・民主主義』（早川書房）に詳しく記されており、本書を訳す上でも大変参考になった。

第六章の「監視を倫理的に検証する」は、第三章とは異なった視点から、監視と倫理・道徳の問題にアプローチしている。なかでも、ライアンが、ベンサムが強調した啓蒙思想の管理的なまなざしとは異なる、父親や友人のような暖かく見守るまなざし、すなわち、配慮《ケア》のまなざしに倫理の萌芽が見出せると指摘しているのに対し、バウマンが管理のまなざしと配慮のまなざしは明確に分けられるものではなく、監視が配慮《ケア》を強調することでやましさや後ろめたさを逃れようとする点を忘れないようにすべきだと釘を刺している場面に、二人の微妙な見解の違いがうかがわれて興味深い。

そして最後の第七章「行為主体と希望」は、監視が私たちの生活全体を包み込む一方で、グローバル化の進展や新自由主義の拡大に伴って、国家の役割が後退してセキュリティ保持に特化され、社会的に生み出された諸問題に個人が自力で対処しなければならない状況の中で、そのような動きに抗いながら新たな道を切り開く行為主体やそうした状況を打開する希望をどこに見出すかをめぐって議論が交わされている。これをめぐって、ライアンがそれを社会科学の分野ではなく、さらに広範な領域の知恵や「メタ理論的な」想定、とりわけ神学や聖書の記述の中に拠り所を求めるべきだと指摘している点はとくに印象的である。

訳者は本書の翻訳作業を通じて初めて、最新の監視と監視研究の動向に触れたが、本書からうかがえるのは、現代の監視と監視技術の発達や広がりや浸透にとどまらず、監視を取り巻く現代社会の変貌、とりわけバウマンの指摘するモダニティのリキッド化に伴う変貌である。それに伴って、従来監視を論じる際に重視されたプライバシーも「ポストプライバシー」の段階へと進化しているとする研究もみられ、監視される側が積極的・自発的に監視を引き受けるＤＩＹ監視も浸透しているとされる。その結果ジョージ・オーウェルの小説『一九八四年』に登場する「ビッグブラザー」の一方的な権力のまなざしの世界とは大きくかけ離れた監視の世界が広がっている。なかでも、「先進国」における消費の文脈での監視は「誘惑」に衣替えしており、それを媒介とした消費活動が結果として社会の分断や格差の拡大などに寄与するという、非常に複雑な構造になっている。このような監視の現状を正確に読み解くには、常に広範な文脈と照らし合わせながら、監視する側される側についての固定観念を廃し、広範な事象の中に埋もれている監視のまなざしを発掘し、監視概念そのものを不断に見直し再検討を加えるといった作業が必要であろう。そうした試みの一環として企画されたと考えられる本書の対話を通じて、リキッド・モダニティの進展を映し出した今日の監視「リキッド・サーベイランス」の輪郭もおぼろげながら浮かび上がってきたように思われる。デイヴィッド・ライアンを初めとする監視研究に携わる人々にはこの概念をさらに深化させていくことが期待されよう。一方、一般の読者にとって本書は、対話という比較的読みやすい形で、監視と監視研究の最先端とそれが抱える諸問題に触れる貴重な手がかりになろう。

なお、本書の翻訳に際してはとくに訳語の選択に苦労した。たとえば、技術とテクノロジー、安全とセキュリティの使い分けなどである。技術とテクノロジーについては、技術一般について述べている場合には「技術」、現代の最新技術が念頭に置かれている場合には「テクノロジー」と使い分けしたつもりだが、意味的にほぼオーバーラップしている場合もあり、厳密とは言いがたい。また、安全とセキュリティについても、技術とテクノロジーほどではないが、しばしば使い分けに悩む場面があった。その結果、広義の安全（セキュリティ）の場合は「安全」、その他についてはセキュリティとしたが、これも厳密なものではなく、重複があることをお断りしておきたい。なお本書では、訳註は〔　〕で示している。

最後に、本書は幸いにして原書刊行から半年余りという比較的早い時期に刊行にこぎつけることができた。スピーディかつ手際よく作業を進めて下さり、訳文についても的確なご指摘をいただいた青土社編集部の菱沼達也さんには深く感謝します。

二〇一三年四月

伊藤　茂

# 索引

**あ行**
アーキテクチャ　16, 86
アース、カティア・フランコ　Aas, Katja Franko　134
アーレント、ハンナ　Arendt, Hannah　89, 115, 123
アイデンティティ　30, 172, 192
アウシュヴィッツ　81, 105, 112
アガンベン、ジョルジョ　Agamben, Giorgio　29, 86
アジェ、ミシェル　Agier, Michel　89, 91
アマゾン　30, 156−8, 161−3
アラブの春　19, 65, 73
アラル、マヘール　Arar, Maher　139
アリー、ゲッツ　Aly, Götz　111
安全（セキュリティ）　12, 14, 17−8, 22, 30, 40, 59, 69, 78, 85, 88, 95, 132−8, 140−1, 147−8, 150, 152−4, 157
アンダースン、マイケル・L　Anderson, Michael L.　35
アンデルス、ギュンター　Anders, Günther　117, 119
アンドレジェヴィック、マーク　Andrejevic, Mark　78−9, 93−4
イケア　39, 179
インターネット　31, 35, 37−8, 40−3, 125, 158, 166−7, 188−9
イントローナ、ルーカス　Introna, Lucas　177, 179
ヴァカン、ロイック　Wacquaint, Loïc　80, 84−5
ヴェーバー、マックス　Weber, Max　83, 114
ウエルベック、ミシェル　Houellebecq, Michel　141−5, 184, 201
ウォール街占拠運動　19, 65
ヴォルフ、ミロスラフ　Volf, Miroslav　192−4
エリクソン、リチャード　Ericson, Richard　15
エリュール、ジャック　Ellul, Jacques　105, 114
遠隔化　29, 106, 112−5, 177
遠隔性　29, 106, 112, 114
エンゲルス、フリードリッヒ　Engels, Friedrich　14
エンツェンスベルガー、ハンス　Enzensberger, Hans　193
エンリケス、エウヘネ　Enriquez, Eugène　47
オーウェル、ジョージ　Orwell, George　23−4, 115−6, 142, 147
オールポート、ゴードン　Allport, Gordon　80

## か行



## さ行

## た行

## な行



## は行

## ま行

**や・ら・わ行**



**アルファベット・数字**

# 私たちが、すすんで監視し、監視される、この世界について
## リキッド・サーベイランスをめぐる7章

2013年 6月 4日　第1刷発行
2018年 1月 30日　第2刷発行

著者——ジグムント・バウマン＋デイヴィッド・ライアン
訳者——伊藤　茂

発行人——清水一人
発行所——青土社
〒101-0051　東京都千代田区神田神保町 1-29　市瀬ビル
［電話］03-3291-9831（編集）　03-3294-7829（営業）
［振替］00190-7-192955

印刷所——双文社印刷（本文）
方英社（カバー・扉・表紙）
製本所——小泉製本

装丁——松田行正

Printed in Japan
ISBN 978-4-7917-6703-8 C0030